일본은 왜
일본인가

모들아카데미07

일본은 왜 일본인가

국호의 유래와 역사

고노시 다카미쓰 지음
배관문 김병숙 이미령 옮김

한국어판 간행에 즈음하여

이 책은 '일본'이라는 명칭의 '역사'를 근대까지 통사적으로 살펴본 것이다. 나 역시 '일본'이라는 국명을 당연한 것처럼 받아들여 왔으나 그 이름의 의미에 대해서는 모호한 채로 지내왔다. 메이지 시대 이후 계속 그래왔듯, 학교에서 배운 적도 없고 어디서도 명확한 설명을 찾을 수 없었다. 국민적 합의(national consensus)를 갖지 못한 국명, 그 기묘함을 떠올릴 때마다, 이 나라의 이름이 어떻게 존재했는가라는 물음도 계속되었다. 그러한 물음이 이 책의 출발점이 되었다. 고대부터 변함없이 그 이름이었고 오늘날도 그러하다. 역사라는 틀로 보지 않으면 나 자신부터 납득할 수 없었다.

역사 속에서 '일본'은 그 의미가 바뀌며 존재해왔다. 의미를 갱신해왔다고 해도 좋을 것이다. '일본'의 의미를 묻지 않고 애매한 채로 방치한 결과, 현재도 '일본국'이 국명으로 지속되고 있다. 이 책에서는 바로 그 점을 살펴보려 했다.

여하튼 '일본'은 계속 살아 있다. 이 책에서 명확하게 밝힌 바, 그것은 원래 왕조의 이름이었다. 고대 동아시아 세계에서 일본열도에 있는 나라는 천황이 다스리는 왕조로서 이 이름을 부여했다. 그 이름이 여전히 유지되고 있는 점과 천황제 또한 여전히 유지되고 있는 점은 불가분의 관계라 할 수 있다. '일본'이 떠안고 있는 이러한 의미를 생각할 때, 일본국 헌법이 '상징천황제'라는 애매한 규정이지만 다름 아닌 천황에 관한 규정으로부터 시작되는 점도 납득할 수 있다.

왕조의 이름이란 왕조 교체가 일어날 수 있는 가능성을 내포하는 것이기도 하다. '일본'이라는 명칭은 이러한 측면에서도 간과할 수 없는 것이다.

'일본'은 어디서 온 것일까. 고대 동아시아 세계에서 왕조의 이름으로 받아들여져야 하는 맥락에서 선택되었으리라. 이 책에 앞서 고단샤 현대신서판에 그에 대해 서술했는데, 거기서는 실제 사례를 들지 않고 가능성으로서 이야기하는 데 그쳤다. 하지만 7세기 사례인 「예군묘지」가 2011년에 발견됨으로써 저자의 해석을 입증할 수 있었다. 이로써 '일본'에 관한 해석이 완결되기에 이르렀다. 이 책의 보론에 그에 대해 서술했다.

다만 「예군묘지」에 보이는 '일본'을 둘러싼 해석에는 역사적 감각이 요구된다. 역사 연구자들의 몇몇 논의는 어이가 없을 정도라 도

저히 간과할 수 없다는 생각에서 보론을 쓰게 되었다.

저자의 생각이 응집된 부분이니 되도록 보론을 먼저 읽기를 권한다. 그리고 나서 보론을 길잡이 삼아 본론을 읽었으면 한다.

한국의 독자들이 이 책을 읽고 어떤 질문을 던질지 기대도 크지만 한편으로는 걱정도 크다. 어쩌면 고대 한반도와의 관계에 대한 부분은 민감하게 받아들일 수도 있겠으나 어디까지나 『일본서기』의 자기 주장을 밝히고자 한 것이니 오해가 없었으면 한다. 저자로서는 한국 독자들과의 만남이 또 다른 문제를 발견하는 소중한 기회가 되기를 바란다.

마지막으로 이 책의 한국어판 간행에 힘을 쏟아준 배관문 선생에게 깊은 감사의 마음을 전한다.

2019년 3월

고노시 다카미쓰

일본, 일본인, 일본어, 일본문학 등 우리는 당연한 것처럼 '일본'이라고 말한다. 자신들을 나타내는 국명(國名) 내지 국호(國號)로 아무런 의심도 없다.

그러나 그 이름의 의미에 대해 공통된 인식을 가지고 있는가. 초등학교나 중학교에서 '일본'이라는 이름의 의미를 배운 적이 있는가, 혹은 지금 가르치고 있는가. 돌아보면 일본국민 전체가 국호에 관한 하나의 합의(국민적 합의)를 이루지는 못했다고 할 수 있다.

국가(國歌)와 국기(國旗)가 제도화되어 있고 국호가 '일본국'인 것도 분명하지만, 그 이름의 의미는 모호하다. 이 책 제8장에서 서술하듯, 실은 근대 국가에서도 계속 그런 상태였다. 메이지 시대 이래의 국정교과서에 국호를 가르친 흔적은 보이지 않는다. 쇼와 시대 제2차 세계대전 전에 천황을 중심으로 한 '국체(國體)'가 강조되었을 때도 국호의 의미를 전면에 내세우지는 않았다.

현재 국민적 합의가 모호한 것도 그러한 데서 유래했을 것으로 짐작되지만, 대체 이 문제는 어디서부터 비롯되는 것일까. '일본'이라는 이름이 어떻게 생겨나 어떤 역사를 거쳐 왔는가를 조망하면서 답을 찾을 수밖에 없다.

고대부터 변함없이 일본은 계속 '일본'이었다. 우리는 스스로를 위해, 우리 자신을 나타내는 '일본'에 대해, 그것이 어떤 의미로 설정되었고(고대의 '일본'), 어떤 역사를 거쳤는지(역사 속의 '일본') 잘 살펴볼 필요가 있다.

이 책은 그러한 국호 '일본'의 내력에 대해 고찰한 것이다. 결론부터 말하자면, '일본'이라는 명칭에 부여한 의미는 시대에 따라 바뀌어갔다. 거기에는 '나는 무엇인가'라는 물음, 즉 아이덴티티의 문제가 담겨 있다. 그것이 '일본'이라는 이름의 의미를 살펴야 하는 중요한 이유이다. 이 책은 '일본'의 등장에서 시작하여 그 변주를 따라가며 그 점을 밝힐 것이다.

2016년 2월

고노시 다카미쓰

차례

일본은 왜 일본인가

한국어판 서문 ——4
저자 서문 ———7

제1장 '일본'의 등장 ——————11
1. '왜'에서 '일본'으로 ——————12
2. '일본천황'과 '일본' ——————21

제2장 고대 제국에서의 '일본' ——————35
1. 『일본서기』에 나타난 '일본' ——————36
2. '일본'이 등장하지 않는 『고사기』 ——————50
3. '일본'의 유래 ——————58

제3장 고대 중국에서의 '왜'와 '일본' ——61
1. '왜'의 의미 ——————62
2. 고대 중국에서의 '일본' ——————70
3. 고대 중국의 세계상과 '일본' ——————81

제4장 『일본서기』 강서 속 '일본' ———93
1. 『일본서기』 강서와 「일본서기사기」 ——————94
2. 강서 속 '일본'론 ——————108
3. '해 뜨는 곳의 천자' ——————120

제5장 '일본'과 '야마토' ———— 123

제6장 '일본'의 변주 ———— 135
1. 『석일본기』의 입장 ———————— 136
2. 일신의 나라 '일본' ———————— 140
3. 대일여래의 본국 '대일+본국' ———————— 152

제7장 '동해희씨국' ———— 159
1. 그 밖의 다양한 명칭 ———————— 160
2. '동해희씨국': 「야마태시」해석을 둘러싸고 ———————— 167
3. '동남대해중'에서 '동해중'으로 ———————— 194

제8장 근대의 '일본' ———— 197
1. 노리나가를 둘러싸고 ———————— 198
2. 근대 국가와 '일본' ———————— 207
3. 국정교과서 속 '일본' ———————— 213

맺음말 ———— 218

보론: 신출 자료 「예군묘지」에 대해 —— 220
저자 후기 ———— 243
역자 후기 ———— 244
찾아보기 ———— 251

제 **1** 장

'일본'의 등장

1. '왜'에서 '일본'으로
2. '일본천황'과 '일본'

1. '왜'에서 '일본'으로

수대까지는 '왜'였다

'일본(日本)'이라는 이름이 처음부터 있었던 것은 아니다. 유명한 히미코(卑彌呼)[1]에 대한 기사가 실려 있는 중국 고대 문헌 『위지(魏志)』 왜인전(倭人傳)[2] 등을 보면, 일본열도의 나라는 처음에 '왜(倭)'라고 불렸다. 그것이 '일본'이라는 명칭으로 바뀐 것이다.

그럼 언제 '일본'이 되었는가. 중국 정사에는 후한(25~220)의 역사를 기록한 『후한서(後漢書)』에 처음으로 '왜'에 대한 전(傳)이 보인다. 이후 수(581~618)의 역사를 기록한 『수서(隋書)』까지는 계속 '왜'('왜인', '왜국')였다.

'왜'라 불리며 중국 왕조로부터 '왜왕'으로 임명 받았던 것이다. 중

---

*　이 책의 각주는 기본적으로 원저의 내주를 보기 쉽게 편집한 것이다. 옮긴이 주의 경우는 따로 표시했다.

1　3세기 초반 일본에서 활동한 이름이 알려진 일본 최초의 왜(倭) 여왕.―옮긴이 주

2　중국이 '위, 촉, 오'의 삼국으로 나뉘어 정립하던 삼국 시대(220~265) 역사를 다룬 것이 『삼국지(三國志)』인데, 위나라 관련 부분 중 「동이전(東夷傳)」에 '왜'에 대한 기사가 수록되어 있다.

국 왕조가 왕으로 인정하고 영토를 보장한 것인데, 봉건제의 연장선상에서 이러한 형식을 취했기 때문에 책봉체제라 한다.

예를 들면 히미코는 "친위왜왕(親魏倭王)"으로 임명되었다(『위지』 왜인전). 그 증표로 금인(金印)을 하사받았다. 조공을 할 때는 이 금인을 찍은 국서를 지참해야만 했다. 1세기에서 5세기까지, 이러한 책봉체제 안에 '왜'가 편입되어 있었다. 거기에서 '왜'는 중국으로부터 붙여진 이름일 뿐 아니라, 자신들도 스스로를 그렇게 칭했다.

7세기에 이르면 수나라와의 관계에서 더 이상 책봉을 받는 일은 없었으나, '왜'라고 칭하는 것은 그대로였다. 수 문제(文帝) 개황(開皇) 20년(600)에 파견된 견수사(遣隋使)[3]는 황제가 나라의 풍속에 대해 묻자, "왜왕은 하늘을 형으로 삼고 태양을 아우로 삼는다"라고 답했다 한다(『수서』 왜국전). 스이코 천황(推古天皇) 15년(607) 수에 보낸 국서에 자칭 "해 뜨는 곳의 천자"라 했다는데, 이는 수 양제(煬帝)의 노여움을 살 뿐이었다(『수서』 왜국전). 이듬해 수의 사신 배세청(裴世淸)이 들고 온 서한에는 "황제가 왜황에게 묻기를"이라고 되어 있다(『일본서기』). 이 기사의 '왜황(倭皇)'은 원래 '왜왕(倭王)'이었던 것을 바꿔 쓴 것이라 여겨진다. 또한 이에 대해 수에 보낸 국서에 "동쪽의 천황(東天皇)"이라 칭했다 하나(『일본서기』), '천황'은 훗날 바꿔 쓴 것이리라. 적어도

---

3 이 견수사에 대한 기록은 『일본서기』에는 보이지 않는다.

수나라 측에서는 '왜'와 '왜왕' 이외에는 인정하지 않았다.

당대에 '일본'으로 전환되었다

중국 정사에 따르면 『당서(唐書)』에서 '일본'으로 바뀌고, 그 후로 '일본'이 된다. 『당서』는 신구 두 종류가 있는데 『구당서(舊唐書)』에는 '왜국일본'이라고 쓰였고, 『신당서(新唐書)』에는 '일본'이라고 쓰어 있다. 즉 당나라 때 '일본'이라는 명칭이 등장했다고 볼 수 있다.

구체적으로는 다이호(大寶) 2년(702)의 견당사(遺唐使)가 전환점이 되었다. 그 자세한 사정은 『당력(唐曆)』에서 볼 수 있다. 신구 『당서』는 모두 후세(오대, 송대)의 것으로, 당대에 성립한 『당력』이 더 확실하다. 『당력』의 편찬자 유방(柳芳)은 개원(開元, 713~741) 말기의 진사였다. 다만 『당력』은 당대 전반의 역사를 편년체로 기술한 것인데 현전하지 않는다. 그렇지만 『일본국현재서목록(日本國見在書目錄)』[4]에 "당력 40권, 유방 찬"이라고 되어 있으므로 이 책이 일본에 전래되었다는 점은 분명하다. 여러 문헌에 인용도 되어 있다. 그중 헤이안시대(平安時代, 794~1192)에 조정 주최로 열린 『일본서기(日本書紀)』 강서(講書) 관련 문헌인 「일본서기사기(日本書紀私記)」[5]에는 아래와 같은

---

4 9세기 말 성립. 후지와라노 스케요(藤原佐世) 찬. 당시 일본에 현존하는 한문서적 목록.
5 『일본서기』 강서와 「일본서기사기」에 대해서는 이 책 제4장에서 자세히 논한다.

인용이 보인다. 이 「일본서기사기」의 기사는 가마쿠라 시대(鎌倉時代, 1180~1333)에 편찬된 『석일본기(釋日本紀)』[6]에 인용되어 있다.

당력(唐曆)에 이르기를, 이 해(702)에 일본국이 대신(大臣) 아손 마히토(朝臣眞人)를 파견하여 나라의 특산물을 바쳤다. 일본국은 왜국의 다른 이름이다. 아손 마히토는 중국의 지관상서(地官尙書=戶部尙書)와 같은 벼슬이다. 이 자는 경서와 사서에 밝았으며 행동이 온화하고 기품이 있었다. 조정은 이를 치하하여 사선원외랑(司膳員外郎) 직을 수여했다.

즉 다이호 2년의 견당사 아와타노 아손 마히토(粟田朝臣眞人)가 당나라 조정에서 상찬을 받았다는 내용이다. 이때,[7] '왜국'이 '일본국'으로 바뀌었음을 확인할 수 있다. 『구당서』에도 본기 권6 측천무후(則天武后) 편에 장안(長安) 2년 10월 일본국이 사신을 보내 특산물을 바쳤다고 되어 있다. 또한 「동이전」에는 사신이었던 '대신 아손 마히토'에 대해 『당력』과 유사한 기사가 있다.[8]

---

6 1274년 이후 성립. 우라베 가네카타(卜部兼方)가 여러 종의 「일본서기사기」를 짜깁기하여 편집한 『일본서기』 주석서.
7 참고로 이때의 일행 가운데 『만엽집(萬葉集)』의 가인(歌人)으로 유명한 야마노우에노 오쿠라(山上憶良)가 있었다.
8 「동이전」에는 장안 3년이라고 되어 있으나, 장안 2년의 일로 생각해도 무방하다.

측천무후에 의한 '일본'의 승인

이때 당은 측천무후의 시대로 국호도 '주(周)'라 칭했다.[9] '일본'이 무후에 의해 승인된 이름이라는 것은 다른 자료를 통해서도 뒷받침할 수 있다.

『사기(史記)』의 주석서 『사기정의(史記正義)』가 그것이다. 이에 따르면 『사기』 오제(五帝) 본기 제1의 "동(東)으로는 장(長), 조이(鳥夷)", 하(夏) 본기 제2의 "도이(島夷)는 초복(草服)을 입는다"[10]에 대해 각각 다음과 같이 주를 달았다. '왜국'은 섬에 거주하며 백여 개의 소국으로 이루어진 곳이며, "생각건대 무후가 왜국을 고쳐 일본국이라 했다"(오제 본기), "왜국은 무황후가 일본국이라 바꿔 칭했다"(하 본기)는 것이다. 『사기정의』는 당의 장수절(張守節)이 편찬한 것으로 개원 24년(736)에 성립했다. 무후와 거의 동시대라 해도 좋을 만큼 가까운 시기의 신뢰할 만한 증언이라 하겠다. 무후가 '일본국'으로 고쳤다고, 어디까지나 당이 주체가 되어 개칭이 이루어진 것처럼 말한다. 여하튼 여기에서 '일본'이 된 것은 틀림없다.

2004년에 중국에서는 '정진성(井眞成, 세이 신세이)'의 묘지가 발견되었다. 그는 견당사로 갔다가 그대로 당에 남아 개원 22년(734)에 사

---

9 '주'라 칭한 기간은 690~705년이다.
10 '조이(鳥夷)'는 '도이(島夷)'와 같다.

망한 인물이다. 이 묘지명에도 "국호 일본"이라는 구절이 있어 위의 사실을 분명히 뒷받침해준다.

그렇다면『구당서』는 장안 2년에 '일본'으로 바뀌었다는 사실에 입각하여 그때부터 '일본국'으로, 그 이전은 '왜국'으로 기록한 것으로 보인다. 그러한 인식하에 전부 '일본'이라고 하지 않은 것은 매우 명쾌한 서술태도라 할 수 있다.

아와타노 마히토의 보고

경운(慶雲) 원년(704) 7월에 일본으로 돌아온 아와타노 마히토(粟田眞人)의 보고를 살펴보자.『속일본기(續日本紀)』7월 초하루 기사에 "정4위하(正四位下) 아와타노 아손 마히토가 당에서 돌아왔다"에 이어서 아래와 같이 쓰여 있다.[11]

처음 당에 이르렀을 때 사람이 와서 "어디에서 온 사신이냐"고 물었다. "일본국의 사신이다"라고 답했다. 우리나라 사신이 "여기는 어느 주 관할이냐"고 되묻자, "이곳은 대주(大周) 초주(楚州)의 염성현(鹽城縣) 땅이다"라고 답했다. "그전에는 대당이었는데 지금 대주라 함

---

11 青木和夫 他 校注,『續日本紀』, 新日本古典文學大系, 岩波書店, 1989~2000에 의한다.
한국어역으로 스가노노 마미치,『속일본기』1~4, 이근우 옮김, 지식을만드는지식,
2009~2016이 있다.—옮긴이 주

은 어찌된 것이냐"고 다시 묻자, "영순(永淳) 2년에 천황태제(天皇太帝)가 붕어하자 황태후(=측천무후)가 즉위해 성신황제(聖神皇帝)라 칭하고 국호를 대주(大周)로 삼았다"고 답했다. 문답이 끝나자 당의 관인은 "바다 동쪽에 대왜국(大倭國)이 있다. 그 나라를 군자국(君子國)이라 한다. 인민은 풍요롭고 예의도 중후하다고 들었다. 지금 사신의 모습이 제대로 예를 갖추고 있으니 어찌 믿지 않겠는가"라고 말하고 갔다.

요약하면 '일본국'의 사절 역할을 완수했다는 것과 더불어 당의 국호가 '대주'로 바뀌었다는 것을 보고한 것이다. 당나라 현지 관인의 발언은 여태껏 '왜(대왜)'라고 들었던 나라를 '일본국'으로 이해했음을 보여준다.

이상에서 다이호의 견당사가 자신들을 '일본국'이라 칭하고 그것을 무후가 승인한 이래로 '일본'이 되었다는 점을 확인했다. 조공국이었기 때문에 자신들이 마음대로 정했다고 해서는 안 된다. 그것을 중국 측이 승인함으로써 비로소 유효한 것이다.

『구당서』와 『신당서』

당연히 '일본'으로 변경한 것에 대한 설명이 요구되었으리라. 아와타노 마히토가 어떻게 설명했는지는 분명치 않으나, 신구『당서』를 보면 확실하게 납득할 만한 이유는 아니었던 듯하다.

A 일본국은 왜국의 별종(別種)이다. 그 나라가 해 뜨는 변두리(日邊)에 있으므로 나라 이름을 일본이라 했다. 또는 왜국이 스스로 그 이름이 아름답지 않음을 꺼려 일본으로 고쳤다고 한다. 또는 일본은 원래 소국이었는데 왜국의 땅을 병합했다고도 한다.(『구당서』)

B 후에 중국 음을 익히고 나자 왜의 이름을 꺼려 일본으로 고쳤다. 사신의 말로는 나라가 해 뜨는 곳에 가까워 붙인 이름이라 한다. 또는 일본은 소국인데 왜가 병합했기 때문에 그 이름을 가져왔다고도 한다.(『신당서』)

‘일본’이 어떤 의미를 갖는 명칭인가에 대해서는 해가 있는 곳(A), 또는 해가 뜨는 곳에 가깝다(B)는 점에서 일치한다. 그런 의미로 인정했다는 것이리라. 어째서 변경하는가에 대해서는 ‘왜’라는 명칭을 꺼렸기 때문이라고 한다(A, B 모두). 그것은 ‘왜’라는 글자의 의미를 근거로 제시했다고 한다. 또한 변경 이유에 대해 원래부터 ‘일본’도 있었다고 한다. ‘왜’를 병합한 것이 ‘일본’이라는 것(A)과 ‘왜’에 병합된 것이 ‘일본’이라는 것(B)은 의미상 상반되지만, 원래부터 ‘일본’이 있었다는 점에서는 같다. ‘왜’라는 이름을 어째서 바꾸는지, 일본 측의 다소 구차한 설명이 엿보인다.

해 뜨는 곳에 가깝다는 설명도 '본(本)'이라는 한자의 뜻(원뜻은 나무의 밑동)을 생각하면, '일'과 '본'이 결합했을 때 어째서 그런 뜻이 되는지 설명이 더 필요하다. '왜'의 의미에 대해서도 어떻게 이해했기에 그랬다는 것인지 따져볼 필요가 있다. 이에 대해서는 제2장에서 후술하겠다.

중국 측 자료를 통해 다이호의 견당사에 의해 '일본'으로 바뀌었다는 사실을 확인했다. 그렇지만 변경 자체는 '일본' 측의 문제로 파악하지 않으면 안 된다.

2. '일본천황'과 '일본'

다이호 율령과 '일본'

국호를 '일본'이라고 정한 것은 다이호 율령(大寶律令)의 공표로 이루어졌다고 확인된다. 견당사 아와타노 마히토 임명은 다이호(大寶) 원년(701) 정월 23일의 일이었다.[12] 『속일본기』 3월 21일 기사에 따르면, 원호를 세운 것은 새 율령에 따른 관위·의복의 시행과 동시에 이루어졌다. 원호는 그 이전에도 없지는 않았지만 단발적인 것에 불과했다.[13] 다이호 이후에는 원호 사용이 정착된다. 원호는 천황의 지배하에 세계가 자율적으로 운행됨을 보여주는 것이다. 이노우에 미쓰사다의 지적대로,[14] 전년도인 몬무 천황(文武天皇) 4년 3월 이전에 율령의 편찬이 끝나고 같은 해 6월에 편찬자에게 봉록을 하사했다.

---

12 '다이호'라는 원호가 정해진 것은 3월 21일이므로, 정확히는 몬무 천황 5년 정월이다.

13 『일본서기』에 의하면 고토쿠 천황 대에 다이카(大化)·하쿠치(白雉), 덴무 천황 대에 슈초(朱鳥)라는 원호가 있었다.

14 井上光貞 他 校注, 『律令』 解說, 日本思想大系, 岩波書店, 1976.

이어 원호를 세운 것은 관위·의복의 시행과 아울러 새 율령이 시행되는 공적 의식이었다. 이제부터 새 시대가 열린다는 것을 확실히 보여준 것이다.

'일본'도 이때의 다이호 율령에서 정해졌다. 새 율령의 완성에 따라 아와타노 마히토는 '일본국' 사신으로 파견되었고, 그것을 승인받아야 하는 사명이 있었다. 조정은 그 역할에 적합한 인물을 택했다. 마히토는 다이호 율령의 편찬에도 관여한 유능함 덕분에 파견되었던 것인데, 앞에서 보았듯이 당나라 조정의 상찬을 받았다는 데서도 그의 기량을 엿볼 수 있다. 그리고 그는 맡은 바 임무를 다한 것이다.

다이호 율령의 규정

다이호 율령은 남아 있지 않다. 현재 볼 수 있는 것은 요로 율령(養老律令)이다. 다이호 율령은 『영집해(令集解)』에 인용되어 있는, 다이호 율령의 주석인 「고기(古記)」에 의해서만 확인할 수 있다. 『영집해』는 고레무네노 나오모토(惟宗直本)가 편찬, 늦어도 9세기 후반 조칸(貞觀) 연간인 870년 무렵에 성립된 것으로 여겨진다. 『영의해(令義解)』[15]를 비롯한 율령 주석서들을 집성한 것이다. 여기에 인용된 「고

---

15 833년 성립. 공적으로 영문(令文)의 해석을 정한 주석서로, 그 해석까지 포함하여 영(令)으

기」는 요로 율령과는 문장이 달라서 다이호 율령의 주석으로 알려져 있다. 덴표(天平) 10년(738) 무렵 성립된 것으로 추정된다. 요로 율령은 요로(養老) 2년(718)에 정해졌으나 덴표쇼호(天平勝寶) 7년(757)에서야 시행되므로, 덴표 연간은 아직 다이호 율령의 시대였다.

　'일본'이라는 이름이 정해진 것은 천황이 내리는 공식령 조서(詔書) 서식에서이다. 거기에 천황 표시 형식이 규정되어 있다. 다음은 그 서두와 말미 부분을 요로 영문(令文)과 「고기」에서 발췌한 것이다.

明神御宇日本天皇詔旨.〔古記에 이르는 御宇日本天皇詔旨는 隣國 및 蕃國에 대해 고하는 말이다. 묻기를, 隣國과 蕃國은 어떻게 다른가. 답하기를, 隣國은 大唐, 蕃國은 新羅이다.〕云云. 咸聞.

明神御宇天皇詔旨.云云. 咸聞.

明神御大八洲天皇詔旨.〔古記에 이르는 御宇와 御大八洲는 둘 다 大事를 선포하는 말이다. 하나의 일에 대해 임의로 사용할 따름이다. 묻기를, 大八州는 잘 모르겠다. 답하기를, 일본서기 권1에 이르기를, "음신(陰神)에게 너의 몸은 어떻게 되어 있냐고 묻자, 내 몸에는 여자의 근원이 되는 곳이 있다고 답했다. 양신(陽神)이 내 몸에는 남자의 근원이 되는 곳이 있으니 나의 근원이 되는 곳과 너의 근원이 되

로 기능했다.

는 곳을 합치자고 말했다. 이에 음양을 처음으로 합하여 부부가 되었다. 낳을 때에 이르러 먼저 아와지시마(淡路洲)를 태반으로 낳았으나, 뜻하는 바가 불쾌하여 아와지라 이름 붙였다. 곧이어 오호야마토(大日本)―日本을 야마토라 읽는다. 이하 이에 따른다.―도요아키즈시마(豊秋津洲)를 낳았다. 다음으로 이요노 후타나시마(伊豫二名洲)를 낳았다. 다음으로 쓰쿠시시마(筑紫洲)를 낳았다. 다음으로 오키노시마(億岐洲)와 사도노시마(佐度洲)를 쌍둥이로 낳았다. 인간이 간혹 쌍둥이를 낳는 것은 이 때문이다. 다음으로 고시노시마(越洲)를 낳았다. 다음으로 기비코지마(吉備子洲)를 낳았다. 이런 연유로 오호야시마쿠니(大八洲國)라 부르게 되었다. 즉 쓰시마지마(對馬嶋), 이키노시마(壱岐嶋), 도처에 있는 작은 섬들은 모두 파도 거품이나 물거품이 굳어서 생긴 것이다."] 云云. 咸聞.

天皇詔旨. 云云. 咸聞.

詔書.〔古記에 이르는 天皇詔旨書는 같은 말이다. 모두 小事를 선포할 때의 말이다.〕

云云. 咸聞.〔古記에 이르는 云云聞宣은 다섯 종류에 다 해당한다.〕

요로 율령에는 다섯 종류의 서식이 보이는데, 다이호 율령도 마찬가지였음을 알 수 있다. 「고기」에 인용되어 있는 문구에 따라 다이호 율령 전문을 유추해보면 다음과 같다.

御宇日本天皇詔旨.

御宇天皇詔旨.

御大八洲天皇詔旨.

天皇詔旨.

詔書. 云云. 聞宣.

　「고기」에 의하면, 대외적으로는 '어우일본천황조지(御宇日本天皇詔旨)', 국가의 큰일에 대해서는 '어우천황조지(御宇天皇詔旨)'와 '어대팔주천황조지(御大八洲天皇詔旨)', 작은 일에 대해서는 '천황조지(天皇詔旨)'와 '조서(詔書)'를 사용한다고 한다. 요로 영문과의 차이는 마지막에 맺는 구가 단지 '들으라(聞)'가 아니라 '들으라고 하교한다(聞宣)'인 점이다. 또한 '다섯 종류에 다 해당한다'는 주석에서 알 수 있듯이, '문선(聞宣)'이라는 구는 영문마다 일일이 붙이는 것이 아니었다. 가장 주의할 점은 천황을 신격화하는 '명신(明神)'이라는 표현이 없었다는 것이다. 「고기」는 각각의 서식에 대해 영문을 매우 꼼꼼하게 인용하고 있다. 요로 율령에는 세 군데나 들어 있는 '명신'에 대해 「고기」가 전혀 언급하지 않은 것은 그 표현 자체가 없었기 때문이라고 생각할 수밖에 없다.

천황즉신 사상의 표현

'명신(明神)'은 '아키쓰미카미(アキッミカミ)'라고 읽는다. 이 세상에 신으로 현현한 천황이라는 뜻이다. 신이 세상을 다스린다는 것으로, 천황 신격화 사상을 응축한 표현이다. 그 핵심이 되는 구가 다이호 율령에는 아직 없었다.

선명(宣命, 센묘)에서는 몬무 천황 즉위선명 첫머리에 "현어신(現御神, 아키쓰미카미)으로서 대팔도국(大八嶋國, 오호야시마쿠니)을 다스리는 천황께서 명령을 내리시는 그 큰 말씀을"이라고 시작하는 것을 비롯하여, 천황에 대해 말할 때 '현신(現神)'이나 '명신(明神)'을 앞에 붙이는 것이 정형화되어 있다. 다이호 율령 시대의 선명도 다 그러했다. 때문에 종래의 연구에서는 다이호 영문에도 선명과 상응하는 '명신어우(明神御宇)'라는 표현이 들어 있을 거라고 생각해왔다.

하지만 그렇지 않다. 선명에는 신으로 현현한 존재가 세상을 다스린다는 뜻으로 '현신'이 쓰였지만, 다이호 율령 조서에는 즉신 표현이 쓰이지 않았다. 선명과 다이호 율령을 동일선상에서 파악하는 것은 적절하지 않다.

신기령(神祇令)이나 여러 천황의 즉위기사를 보면, 천황의 즉위는 백관이 나열한 가운데 나카토미씨(中臣氏)가 천신수사(天神壽詞)를 주상하고 인베씨(忌部氏)가 신새(神璽)인 거울과 검을 바치는 의식을 통해 이루어졌다.[16] 거기에서 천황은 선명으로써 즉위를 선언했다. 천신수사·신새·선명은 모두 신화적 배경을 지닌 것으로 천황의 정통성을 증명하는 것들이다.

일부 고대사 연구자들 중에는 천황에 대해 신화적 근거를 부여한다는 점에서 즉위의례와『고사기(古事記)』·『일본서기』의 강림 신화를 동일한 것으로 보는 견해가 있다. 그러나 그것은『고사기』·『일본서기』를 오독한 것일 뿐이다. 그 설이 어긋난다는 것에 대해서는 필자의 책『고사기와 일본서기』[17]에서 분명히 밝혔다.

가장 중요한 것은 즉위 시 천황에게 바치는 신새에 대해『고사기』와『일본서기』는 전혀 언급하지 않는 점이다. '신새'를 천손의 강림과 관련지어 이해하는 것이 일반적이나,『고사기』에는 천손 니니기노 미코토의 강림에 대해 다음과 같이 쓰여 있다.

　　이에 아메노코야네 신(天兒屋命), 후토다마 신(布刀玉命), 아메노우
　　즈메 신(天宇受賣命), 이시코리도메 신(伊斯許理度賣命), 다마노오
　　야 신(玉祖命) 모두 합하여 다섯 부족의 수장을 거느리고 하늘에서

16　수사(壽詞)와 신새(神璽)는 모두 천신이 보장하는 증표이다.
17　神野志隆光,『古事記と日本書紀』, 講談社, 1999.
　　한국어역으로 고노시 다카미쓰,『고사기와 일본서기』, 권오엽 옮김, 제이앤씨, 2005가 있다.─옮긴이 주

내려왔다. / 그때 아마테라스 신(天照大神)을 석실에서 나오게 했을 때 사용했던 야사카의 곡옥(八尺勾璁), 거울(鏡), 구사나기의 검(草那藝劍), 그리고 도코요(常世)의 오모히가네 신(思金神), 다지카라오 신(手力男神), 아메노이와토와케 신(天石門別神)도 동행했다. 아마테라스 신이 니니기 신에게 명하기를, "이 거울을 오로지 나의 혼으로 여기고 나를 모시듯 우러러 받들라", 그리고 "오모히가네 신은 지금 말한 것을 받들어 나의 제사에 관한 일을 맡으라"라고 말씀하셨다. / 니니기 신과 오모히가네 신은 이스즈 궁(伊須受能宮)에 받들어 모셨다. 다음으로 도유우케 신(登由宇氣神)은 외궁(外宮)의 와타라이(度相)에 진좌하신 신이다. 다음으로 아메노이와토와케 신은 다른 이름으로 구시이와마토 신(櫛石窓神), 또 다른 이름으로 도요이와마토 신(豐石窓神)이라 한다. 이 신은 미카도(御門) 신이다. 다음으로 다지카라오 신은 사나나 아가타(佐那那縣)에 진좌하셨다. / 그런데 그 아메노코야네 신은 나카토미노 무라지(中臣連)들의 시조이다. 후토다마 신은 인베노 오비토(忌部首)들의 시조이다. 아메노우즈메 신은 사루메노 기미(猿女君)들의 시조이다. 이시코리도메 신은 가가미쓰쿠리노 무라지(作鏡連)들의 시조이다. 다마노오야 신은 다마노오야노 무라지(玉祖連)들의 시조이다.

이 장면을 '삼종의 신기(神器)'를 하사하는 것으로 파악하는 견해가 여전히 남아 있다. 예를 들면 오쓰 도루의 『천황의 역사1: 신화에서 역사로』[18]에서의 설명은 다음과 같다.

아메노코야네 이하 다섯 신을 따르게 하고,… 삼종의 신기를 니니기에게 하사한다는 점에서, 천황이 천하를 통치하는 정통성을 보여주는 이야기로 자리매김 할 수 있다.

그리고 『일본서기』 일서(一書)도 마찬가지로 '야사카니의 곡옥(八坂瓊曲玉)·야타의 거울(八咫鏡)·구사나기의 검(草薙劍)'이라는 '삼종의 보물'을 하사하고 아메노코야네·후토다마·아메노우즈메·이시코리도메·다마노오야의 다섯 신을 따르게 했다는 점에서, "삼종의 신기에 관한 기원을 말하는 신화"라고 설명한다.

그러나 이러한 견해는 『고사기』에서 옥·거울·검의 하사에 이어, 오모히카네 신에게 그것을 받들도록 명했다는 문맥을 무시한 것이다. 인용문에 '/'로 표시했듯이 여기에는 여러 가지 일이 병렬로 기술되어 있다. 순서대로 보면, 다섯 신을 따라 내려 보낸 것, 옥·거울·검을 하사하고 또 다른 신들에게 특히 거울을 받들라고 명한 것, 거울을 이세에 모시고 그 신들도 함께 진좌시킨 것, 다섯 신이 나

18   大津透, 『天皇の歷史1: 神話から歷史へ』, 講談社, 2010.

카토미씨 등의 선조가 된 것이다. 읽어보면 금방 알 수 있듯이, 옥·거울·검 가운데 거울에 대한 제사만이 확인된다. 옥이나 검은 관심 밖의 일이다. 특히 거울을 중시한 데는 이유가 있다. 거울이 곧 아마테라스 신의 혼으로 여겨져 이세에 모셔졌다는 사실은 무엇보다 천황이 아마테라스의 보장 하에 존재한다는 점을 확인시켜주기 때문이다. 여기에는 옥·거울·검의 삼종이 세트도 아닐뿐더러 황위의 상징이라는 의미도 없다.

『일본서기』는 기본적으로 본서(本書)를 축으로 읽어야 하며, 일서(一書)는 사실 주석에 불과하다.[19] 본서의 천손 강림 신화는 아래와 같다.

그리하여 다카미무스히 신(高皇産靈尊)이 마토코오우 후스마(眞床追衾)로 황손(皇孫) 아마쓰히코 히코 호노니니기 신(天津彦彦火瓊瓊杵尊)을 감싸서 내려 보내셨다. 황손은 곧 아마노이와쿠라(天磐座)를 떠나 아메노야에타나구모(天八重雲)를 헤치고 위풍당당하게 길을 가르고 갈라 휴가(日向)의 소(襲)의 다카치호 봉(高千穗峯)에 강림하셨다. 그리하여 황손이 지나가신 모습은 구시히(槵日)의 후타가미(二上)의 아메노우키하시(天浮橋)에 밝고 서서, 소시시(膂宍)의

19 神野志隆光, 『古事記と日本書紀』, 講談社, 1999.

가라쿠니(空國)를 히타오(頓丘)에서 나라를 찾아 지나, 와다(吾田)의 나가야(長屋)의 가사사 곶(笠狹碕)에 다다르셨다.

아마테라스 신은 천손의 강림에 아무런 역할도 하지 않고, 니니기는 아무것도 하사받지 않고 내려왔다고 되어 있다.

게다가 『고사기』도 『일본서기』도 초대 진무 천황(神武天皇)의 즉위 기사에서 신새에 대한 언급을 전혀 하지 않는다. 『고사기』·『일본서기』 신화를 제대로 읽으면 거기에 신새 이야기가 없다는 사실을 분명히 알 수 있다. 강림 신화와 '신기'를 연결시키는 오쓰 도루 같은 연구자의 견해는 성립할 수가 없다.

즉위의례는 『고사기』·『일본서기』와는 별개로 의례 안에서 독자적으로 천황의 정통성의 신화적 근거를 구하는 것이다. 하늘에서 내려온 신에게 정통성의 근원을 찾는 점은 비슷할지 몰라도, 『고사기』·『일본서기』와는 다른 신화적 근거를 의례 그 자체와 선명을 통해 부여한다. 천신의 계보를 계승하여 신으로 현현한 존재라는 신화적 근거(천황즉신)의 표현으로, '현어신으로서 대팔도국을 다스리는'이라는 수사가 즉위선명 안에서 성립하고 정형화된 것으로 봐야 한다.

그 선명의 표현을 바탕으로 요로 율령의 '명신어우'라는 문구도 성립한 것이다. 다이호 율령에는 이 즉신 표현이 없었다.

'일본천황'과 '일본'

다시 다이호 율령으로 돌아가 보자. 거기에는 '어우일본천황조지(御宇日本天皇詔旨)'라고 되어 있었다. '일본천황'이라는 형태로 '일본'이 있었던 것이다. 이 점에 대해 좀 더 주의할 필요가 있다.

御宇日本天皇詔旨.

御宇天皇詔旨.

御大八洲天皇詔旨.

이렇게 '어우(御宇)'와 '어대팔주(御大八洲)'를 나란히 놓고 보면, '어우'는 천하를 다스린다는 뜻이니 '어대팔주'는 '대팔주(大八洲, 오호야시마)'라는 국토를 다스린다는 뜻이다. '어우'와 '어대팔주'가 등가이므로, '일본'은 '대팔주'와 동일한 차원에 병렬되는 나라 이름이 아니다.

다시 말해 '일본'은 '일본천황'이라는 형태로 의미를 갖는 것이다. '천황'이라는 명칭 자체는 '일본천황'으로 성립한 것이 아니다. 덴무천황(天武天皇) 때 이미 '천황'이라는 말은 존재했다는 사실이 아스카이케(飛鳥池) 유적 출토 목간에 의해 증명되었다. 하지만 '일본'의 경우는 '일본천황'의 형태로 비로소 성립한 것이 아닌가. 그것을 국호라 해도 틀린 것은 아니지만, 국토의 명칭과는 차원이 다른 것으로 이해된다.

요시다 다카시가 『일본의 탄생』에서 지적한 대로, '일본'은 왕조의 이름이었다고 봐야 할 것이다.[20] 『일본서기』라는 서명을 생각해보면, 그것은 중국의 정사인 『한서』, 『후한서』, 『진서』 등을 모방한 것이다. 중국의 사서가 왕조 이름을 앞에 붙였다는 사실을 몰랐을 리 없다. 그러한 명명 방법에서도 '일본'이 왕조 이름이었다는 것을 알 수 있다. 왕조 이름으로서의 '일본'이 중국과의 관계에서도 '일본'이라 칭함으로써, '왜'가 세운 왕조 이름을 대신하는 것이자, 중국을 중심으로 하는 동아시아 세계 속 국명도 된 것이다. 이러한 요시다의 설은 명쾌하고 설득력이 있다.

'일본'의 등장을 이와 같이 이해하는 것에서부터 시작해보려 한다. 더욱이 일본 측의 문제로, 그것이 어떠한 내실을 갖추고 있었는지, 애당초 그것은 어디서 온 것인지, 과연 일본 측의 발명이었을까 묻고 싶다. 다음 제2장에서 이에 대해 생각해보겠다.

한편 중국은 '일본'이라는 명칭을 받아들인 것인데, 그렇다면 중국 측의 문제로 그들은 어떤 의미로 받아들였으며 또 받아들일 수 있었던 것인지 더 물을 수 있다. 이에 대해서는 제3장에서 다루겠다.

---

20 吉田孝, 『日本の誕生』, 岩波書店, 1997.

제 2 장

고대 제국에서의 '일본'

1. 『일본서기』에 나타난 '일본'
2. '일본'이 등장하지 않는 『고사기』
3. '일본'의 유래

1. 『일본서기』에 나타난 '일본'

『일본서기』의 '일본'

'일본(日本)'이라고 칭하는 것은 고대 국가의 문제였다. 그것은 다이호 율령에서 외부에 대한 명칭 '일본천황'으로 제도화된 것이다. 그러한 '일본'이 현실에서 어떻게 가능했을까. 대외적으로 나타내는 것이므로 외부를 상대로 자신들을 주장한다는 의미가 있었으리라. 그 '일본'의 의미를 '일본'의 명칭을 단 『일본서기』라는 텍스트에 묻지 않으면 안 된다.

『일본서기』에는 서명과 표제어(천황명)를 제외하고 본문 전체에 '일본'이 총 219회 쓰였다.[21] 후대에 바꿔 쓴 것이라 해도 『일본서기』는 '오호야마토 도요아키즈시마(大日本豊秋津洲)'라는 첫 예를 시작으로 신화적 이야기 초반부터 '일본'을 사용한다. 이에 입각해서 『일본서기』에서 '일본'이 어떤 양상으로 나타나는가를 봐야 한다.

---

21 '야마토타케노 미코토(日本武尊)' 등의 인명에 쓰인 '일본'도 포함한다.

그러나 『일본서기』의 '일본'은 『일본서기』 텍스트만으로 파악하기에는 충분하지 않다. 『고사기』에는 '일본'이 한 번도 나타나지 않는다. 『일본서기』는 '일본'과 더불어 기술되고, 『고사기』는 '일본' 없이 기술된다. 양자를 대비하면서 '일본'의 의미를 살펴야 한다.

진구 황후 이야기

『고사기』와 『일본서기』의 진구 황후(神功皇后) 이야기를 대조해볼 때 문제가 더 분명해진다. 진구 황후가 백제·신라를 복속시켰다는 점은 『고사기』도 『일본서기』도 같지만, 『일본서기』에는 신라왕이 복속을 맹세하는 장면이 다음과 같이 기술되어 있다.

겨울 10월 기해 초하루 신축에 와니 나루(和珥津)에서 출발했다. 이 때 풍신은 바람을 일으키고 해신은 파도를 일으켰으며, 바닷속 큰 물고기들이 모두 떠올라 배를 받쳤다. 곧 순풍이 불어 배는 파도를 따라가니 노 젓는 수고도 없이 바로 신라에 이르렀다. 그때 배를 따라온 파도가 멀리 나라 안까지 미쳤다. 이로써 모든 것이 천신지기의 도움이었음을 알았다. 신라왕은 두려움에 떨며 어찌할 바 몰랐다. 여러 사람을 불러 모아 "신라의 건국 이래 일찍이 바닷물이 나라 안까지 들어온 적은 없었다. 설마 천운이 다해 나라가 바다가 되는 것인가"라고 말했다. 그 말이 채 끝나기도 전에 배들이 바다를 메우고

깃발들이 햇빛에 빛났다. 북과 피리 소리에 산천이 다 떨었다. 신라 왕은 멀리서 바라보고, 범상치 않은 병사들이 장차 자기 나라를 멸망시키려 하는 것이라 여겨 두려움에 전의를 상실했다. 잠시 후 정신을 차리고, "내가 듣건대 동쪽에 신국(神國)이 있어 일본이라 부른다. 또한 성왕(聖王)이 있어 천황이라 부른다고 한다. 필시 그 나라의 신병(神兵)임에 틀림없을 텐데 어찌 무력으로 저항할 수 있겠는가"라며 백기를 들어 스스로 항복했다. 흰 끈을 목에 걸고 자신을 묶었다. 도적(圖籍)을 거두어 바치며 왕의 배 앞에서 항복했다. 이에 머리를 조아리고 "지금 이후로 천지와 같이 오래도록 엎드려 사부(飼部, 미마카이)가 되겠나이다. 배의 키가 마를 새 없이 봄가을로 말빗과 말채찍을 바치겠나이다. 또 바다가 먼 것을 번거로워하지 않고 해마다 남녀를 조공으로 바치겠나이다"라고 말했다. 거듭 맹세하여 "동쪽에서 뜨는 해가 서쪽에서 뜨지 않는 한, 또 아리나레 강(阿利那禮河)이 역류하고 강의 돌이 하늘로 올라 별이 되지 않는 한, 봄가을 조공을 거르고 말빗과 말채찍 바치기를 게을리 한다면 천신지기가 함께 벌하소서"라고 말했다.[22]

요약하면, 황후의 배를 인도한 파도가 신라의 나라 안까지 단번에

---

22 진구 황후 섭정전기, 주아이 천황(仲哀天皇) 9년 10월 조.

들어오자, 그 군세가 성한 것을 본 신라왕은 두려워하며 '신국 일본'의 '신병'임이 틀림없다고 말했고, 항복의 표시로 흰 끈을 목에 걸고 영원한 복종을 맹세했다고 한다.

그리고 나서 신라왕은 각종 보물을 팔십 척의 배에 실어 진상했다고 하는데, 이것이 신라왕이 "항상 팔십 척 배에 실은 공물을 일본국에 바친다"는 일의 기원이라고 설명한다. 그 뒤 신라가 '일본국'에 항복했다는 소식을 들은 고구려와 백제의 두 국왕도 "금후 서번(西蕃)이라 칭하며 영원히 조공을 바치겠다"는 맹세를 했다고 한다.

또한 진구 황후 섭정 46년에서 52년 기사에도 백제왕이 동방에 '일본 귀국(日本貴國)'이 있음을 듣고 복속하게 된다는 사정이 기술되어 있다. 앞서 인용한 진구 황후 섭정전기에서 백제는 고구려와 더불어 복종을 맹세했다고 했는데 다시 복속의 유래에 대해 이야기하는 것은 어째서인지 의문이 남는다. 하지만 중요한 것은 백제왕이 동쪽에 있는 '귀국'을 가리켜 그것을 '일본'이라 불렀다는 점이다.

한편 『고사기』에는 다음과 같이 기술되어 있다.

그리하여 하나하나 신이 가르쳐준 대로 군세를 정비하고 배를 늘여 세워 바다를 건너 가셨을 때, 바닷속 물고기가 대소를 불문하고 모두 배를 짊어지고 건넜다. 그리고 순풍이 크게 일어 배는 파도를 따라갔다. 그런즉 그 배를 실은 파도가 신라국을 덮쳐 이미 나라 한가운데

에 이르렀다.

이에 신라국왕은 두려워하며 아뢰기를, "지금 이후로 천황의 명에 따라 말지기(御馬甘, 미마카이)가 되어 해마다 배를 늘여 세우고 배의 바닥이 마를 틈도 없이 삿대와 노가 마를 틈도 없이 천지와 함께 그치는 일 없이 받들겠나이다"라고 했다.

줄거리는 동일하며, 영원한 복속과 조공을 맹세하는 점도 『일본서기』와 같다. 그렇지만 『고사기』에는 '일본'이 나타나지 않는다.

똑같아 보이는 기사이지만 『일본서기』는 '일본'을 드러내며 이야기하는 반면, 『고사기』는 '일본' 없이 이야기하는 것이다.

중국과의 관계에서는 '왜'

이러한 가운데 '일본'을 살펴볼 때 주의할 점이 있다. 『일본서기』 진구 황후 이야기에 인용되어 있는 『위지』 및 『진기거주(晉起居注)』 기사이다. 잘 알려져 있듯이 진구 황후 섭정 39년, 40년, 43년의 각 기사에는 『위지』의 히미코 기사가, 66년의 기사에는 『진기거주』가 인용되어 있다. 히미코와 진구 황후를 중첩시키는 것이다.

위지에 이르기를, 명제(明帝) 경초(景初) 3년 6월, 왜의 여왕이 대부(大夫) 난두미(難斗米) 등을 파견해 군(郡)에 이르러 천자를 접견해

공물을 바치기를 청했다.…(39년 조)

위지에 이르기를, 정시(正始) 원년에 건충부위(建忠校尉) 제휴(梯携) 등을 파견해 조서(詔書)와 인수(印綬)를 가지고 왜국에 가도록 했다.(40년 조)

위지에 이르기를, 정시 4년에 왜왕이 다시 대부 이성자액야약(伊声者掖耶約) 등 여덟 명을 사자로 파견해 헌상했다.(43년 조)

진기거주에 이르기를, 무제(武帝) 태초(泰初) 2년 10월, 왜의 여왕이 통역을 거듭해 조공하겠다고 했다.(66년 조)

위의 기사에서는 전부 '일본'이라 하지 않고 '왜'라 부르는 점에 주의하고 싶다.

중국과의 관계를 그 후까지 고려해보면, 『일본서기』에서는 진구 황후 기사 다음에 스이코 천황 때까지 중국에 대해 언급하지 않는다. 중국 정사에는 5세기의 일로 '왜(倭)의 오왕(五王)'에 대한 기사가 잘 알려져 있지만, 『일본서기』에는 이에 대한 언급이 전혀 없다.

진구 황후 이후 스이코 천황에 이르러 비로소 우마야토 황자(厩戸皇子)의 집정하에 중국과의 외교 교섭이 이야기된다. 우마야토 황자라 한 것은 '쇼토쿠 태자(聖德太子)'라는 명칭이 『일본서기』에 나오지 않기 때문이다. 이 점에 유의하고 싶다. 『일본서기』에는 '우마야토 황자' 혹은 '우에노미야노 우마야토노 도요토미미 태자(上宮厩戸豊聰

耳太子)'라 불릴 뿐, '쇼토쿠 태자'라고는 불리지 않는다.

'쇼토쿠 태자'라는 명칭의 성립부터가 문제이다. 따라서 『일본서기』가 이 명칭을 쓰지 않은 것은 『일본서기』의 입장 표명이라고 생각해야 한다. 이러한 관점에서 『일본서기』를 통해 스이코 천황과 태자의 시대를 파악할 때는 '쇼토쿠 태자'라는 이름은 사용하지 않는 편이 적절하리라.

『일본서기』는 우마야토 황자가 황태자로서 역사상 특별한 역할을 했다고 말한다. 그 우마야토 황자 이야기에서도 중국과의 관계에서는 마찬가지로 '왜'라 불렸다. 스이코 천황 16년(608) '대당국' 사신이 가져온 국서는 "황제가 왜황에게 묻기를"이라고 시작된다. '왜황'의 '황'은 천황에 맞춘 것으로, 중국 측의 국서가 본디 그러했으리라고는 인정하기 어렵다. 『일본서기』는 자신들 세계의 통치자가 '천황'이라 일관되게 주장하며 철저히 바꿔 쓴 것이다. 아마도 '왜왕'을 '왜황'으로 바꿨다고 여겨진다. 그러나 '왜'는 '왜' 그대로 두었다. 또한 사이메이 천황(齊明天皇) 5년(659) 7월 기사에는 「이키노무라지 하카토코노쇼(伊吉連博德書)」[23]를 인용하여 이 해에 파견된 견당사가 당나라 황제 고종의 질문을 받은 일이 기술되어 있다. 이때 사신은 '왜객(倭

---

23 이키노무라지 하카토코(伊吉博德)가 제4차 견당사를 수행했을 때의 기록이다. 성립연대는 683년 전후, 또는 690~695년으로 보는 견해가 있다. ─옮긴이 주

咨)'이라 불렀다고 한다. 고종이 '천황'이라 했다는 것은 바꿔 쓴 것임이 분명하지만 '왜'는 그대로이다.

다이호 2년(702)의 견당사가 '왜'에서 '일본'으로의 변경을 승인받은 점과 관련지어 보면, 일찍부터 '일본'이 있었고 그것을 중국도 인정한 것이 된다.

『일본서기』는 한반도 나라들이 '일본'이라 불렀다는 사실을 이야기한다. 거기에서 『일본서기』에 의해 성립하는 '일본'의 본질을 봐야 하리라.

반 노부토모의 설

일찍이 에도 시대(江戶時代, 1603~1867)의 국학자 반 노부토모(伴信友)는 『중외경위전(中外經緯傳)』[24]에서 『일본서기』의 진구 황후 이야기에 대해 아래와 같이 말했다. 이것이 문제의 핵심을 찌르고 있다고 생각한다.

또한 일본이라 함은 일본서기 진구 황후 조에 백제국 사신이 주상한 말 가운데, 백제왕이 동방에 일본 귀국이 있다고 들었다 운운하는 대목이 보인다. 한국(韓國)은 중국의 동쪽에 있으면서 후세에 그 나라

---

24 『伴信友全集』 3, ぺりかん社, 1977(復刻).

사람들이 자랑스럽게 동화(東華), 동국(東國)이라 함이 이상하게 생각되지만, 그 당시에도 같은 의미로 해 뜨는 쪽에 가까운 동방의 나라라 자부함에 따라, 대황국(大皇國)은 그 동쪽의 신국이므로 일출 방향의 본국이라는 뜻에서 일찍부터 일본이라 칭송했다.… 이와 같이 예로부터 그렇게 한인(韓人)들이 높여 부른 국호를 좋다고 받아들임에 따라, 모든 외번(外蕃)에 대해 일본이라 고하도록 정했다.

요컨대 한반도 측에서 해 뜨는 동쪽에 있음을 귀히 여겨 그 나라를 높여 부른 것이 '일본'이며, 그것을 일본 측에서 받아들였다고 설명한다.

노부토모 자신은 어디까지나 국호의 역사적 성립을 말한다. 그러면서 『일본서기』의 '일본'이 한반도 나라들과의 관계에서 비롯되었다는 점을, 그 명칭의 의미와 함께 정확히 파악했다. 텍스트 이해로서는 적절하다 해도 좋겠다.

'일본'이라는 명칭에서 핵심은 한반도와의 관계이다. 즉 외부로부터의 가치(또는 우위) 확인에 있다. 한반도 나라들의 시점에서 '동쪽'에 있으며 해 뜨는 곳에 있다는 가치를 세계관계의 근원에 둔 것이며, 그 관계의 확인이 '귀국'='일본'이었다. 그 점을 노부토모는 예리하게 포착했다. 또한 '본'에 대해서는 해 뜨는 나무인 부상(扶桑) 아래

에 있다는 뜻으로 설명하고 있는데, 이에 대해서는 후술한다.[25]

한반도에서의 '왜'

단, 한반도에서 '일본'이라고만 부른 것은 아니다.

백제기(百濟記)에 이르기를, … 가라국(加羅國) 왕의 누이 기전지(旣
殿至)가 대왜(大倭)에 가서 아뢰기를, … (진구 황후 62년)

백제신찬(百濟新撰)에 이르기를, … 신축년에 개로왕(蓋鹵王)이 아
우 곤지군(昆支君)을 대왜(大倭)로 보내 천왕(天王)을 모시게 했다.
… (유랴쿠 천황 5년 7월)

백제신찬에 이르기를, … 곤지(琨支)가 왜(倭)로 향할 때, 쓰쿠시 섬
(筑紫嶋)에 이르러 사마왕(斯麻王)을 낳았다. … (부레쓰 천황 4년)

백제가 하부(下部) 간솔(杆率) 문사간노(汶斯干奴)를 보내 표(表)를
올려 "백제왕 신(臣) 명(明)과 안라(安羅)에 있는 여러 왜신(倭臣)들,
임나(任那) 여러 나라의 한기(부岐)들이 아룁니다. …" (긴메이 천황
15년 11월)

위의 백제 자료나 상표문(上表文)에 의하면 '왜'라 불렸다. '대왜'는

---

25 이 책의 제3장 제3절 참조.

'대당'과 같이 대국에 대한 칭호로 '대' 자를 붙인 것이다.

진구 황후 이야기의 '일본'과 이 기사들의 '왜'는 문맥 차이가 확연하다. '왜'는 '일본'처럼 가치를 표상하는 명칭이 아니다. 중국에서 칭하는 '왜'와 동일한 성격의 명칭일 뿐이다.

요컨대 외부에서는 기본적으로 '왜'라 했으나, 특별히 한반도에서는 '일본'이라는 가치를 지닌 명칭을 쓰기도 했다. 그 명칭으로써『일본서기』는 '서번'—'귀국'이라는 세계관계, 이른바 '복속'—'지배'의 제국적 구조라 할 만한 것을 성립시키는 것이다.

『일본서기』의 '왜'와 '일본'

『일본서기』에서 '왜'와 '일본'은 외부와의 관계에서만 나타나는 것은 아니다. 그것은 스스로 자신들에 대해 이야기할 때 쓰는 명칭이기도 하다.

『일본서기』 안에서 '일본'과 '왜'가 구분되어 쓰이는 점에 대해서는 모토오리 노리나가(本居宣長)가 『국호고(國號考)』[26]에서 일찍이 지적한 바 있다.

기내(畿內)의 일국(一國) 야마토는 대개 왜라 하고, 천하의 총칭은

---

26 1787년 간행.『本居宣長全集』8, 筑摩書房, 1972.

일본이라 한다. 또한 일국의 이름일 경우에도 공적으로 쓰일 때는 일
본이라 한다. 『일본서기』 안의 용례가 대부분 그러하다.

일국의 이름일 때는 '왜', 전체 이름일 때는 '일본'이라는 구분이 있
었다는 지적이다. 대체로 그러한 경향이 보인다는 것인데, 노리나가
의 말대로 '대개', '대부분' 그렇기는 하다.

그러나 이 설명만으로는 완전하지 않다. 그 점을 더 파헤쳐볼 필
요가 있다. 예를 들면 스진 천황(崇神天皇) 6년 기사에 어전 안에 모셨
던 아마테라스와 야마토오쿠니타마 두 신을 어전 밖에 모시게 된 경
위가 쓰여 있다. 여기에 야마토오쿠니타마가 '倭大國魂'·'日本大國
魂' 양쪽으로 표기되어 있는 것을 볼 때 '왜'·'일본'의 구분이 있었다
고는 생각하기 어렵다.

또한 "일본국의 미모로야마(三諸山)"(신대 상)의 경우는 일국명에 해
당하는 '일본'이다. 덴무 천황 3년 3월 쓰시마(對馬)에서 은이 산출되
었다는 기사에 "무릇 왜국에 은이 있는 것은 이때부터 비롯되었다"
라고 한 것은 '왜'가 천하를 총칭하는 예에 해당한다. 중국과 한반도
에서 불릴 때의 '왜'도 당연히 총칭이다.

노리나가가 '대개'라고 지적한 데 그친 이유를 알 수 있다. 하지만
'대개'라는 식으로 정리하면 그 본질을 잃어버리는 것이 아닐까. '왜'
는 총칭과 일국명에 통용되었다고 봐야 한다. 반면 '일본'은 위상이

다른 것이었다고 이해된다. 그것은 '왜'에 원래부터 내재한 가치와 연관되는 것으로 보인다. 가치는 해 뜨는 곳이라는 '일본'이라는 글자가 나타내는 바에 담겨 있다. 그리고 "오호야마토 도요아키즈시마(大日本豊秋津洲)"(신대 상), "그 옛날 이자나기 신이 이 나라를 이름하여, 일본(야마토)은 우라야스쿠니(浦安國, 평온한 나라), 호소보코노 지다루쿠니(細戈の千足る國, 정밀한 무기가 구비된 나라), 시와가미노 호즈마구니(磯輪上の秀眞國, 실로 뛰어난 나라)라 했다"(진무 천황 31년 4월)와 같이 원래부터 '일본'이었던 것이다.

다만 그 가치는 외부에서, 즉 한반도 나라들이 확인하고 수용함으로써 '서번'—'동방의 귀국'이라는 세계관계를 성립시켰고, 비로소 가치로서 자리매김된 것이다.

원래 있었던 이름은 '야마토(ヤマト)'이다. 그것은 '大日本豊秋津洲'에 "日本을 야마토라고 읽는다. 이하 모두 이에 따른다"라는 훈주(訓注)가 달린 것으로 알 수 있다. '야마토'는 일국명이자 총칭이기도 한데, 거기에 내재하는 가치를 드러내고 세계관계를 성립시키는 명칭으로는 '일본(야마토)', 가치가 배제된 명칭으로는 '왜(야마토)'였다. 이것이 『일본서기』에 쓰인 '일본'과 '왜'였다.

제국으로서의 '일본'

『일본서기』는 한반도와의 관계 속에서 '일본'의 의미를 부여하는

데, 한반도에 대한 '대국'적 관계를 역사적으로 확인하는 형태로 '일본'의 가치를 확립했다고 할 수 있다. 그 요점은 한반도에 대해 '대국'이라는 점, 즉 한반도를 복속시킨 제국임을 표시하는 데 있다. 단적으로 말해 『일본서기』는 그러한 '일본'을 역사 서술 안에서 확립하는 것이다.[27]

『일본서기』가 만드는 역사는 중국에서도 받아들인 '일본'이라는 명칭을 한반도에 대한 '대국'적 관계를 나타내는 것으로 확인하여, 국제적으로 인정된 '대국 일본'을 성립시킨다. 다이호 율령에 의한 '일본'의 공표 및 중국의 승인과 맞물려, 『일본서기』가 만들어낸 '일본'은 이러하다.

다이호 율령의 '일본'이 『일본서기』에서 내실을 획득함으로써 명실공히 '일본'이 성립했다고 하겠다. 물론 현실에서 중국 왕조가 한반도에 대한 '일본'의 국제적 지위를 인정했다는 말은 아니다. 그것은 어디까지나 자신들의 세계를 확신하고 납득하는 방법으로, 일본 측의 문제였다.

---

27 『일본서기』는 '있는 그대로의 역사'가 아니라 '있어야 할 역사'를 기록한 것이다. 저자는 이를 『일본서기』라는 텍스트가 만든 역사라고 표현한다. 텍스트 내부의 논리와 실제 국제관계는 차원이 다르다. 고대 한일관계사에서 왜 『일본서기』가 끊임없이 문제시되는지 알 수 있을 것이다. ─옮긴이 주

2. '일본'이 등장하지 않는『고사기』

외부를 이야기하지 않는『고사기』

지금까지 고대 국가의 '일본'에 대해 파악하고자『일본서기』를 살펴보았다. 이제『고사기』에 '일본'이 등장하지 않는 점에 주목해보자.『고사기』는 '일본'을 내세우지 않으면서 이야기한다. 그러한 '일본'의 부재에 대해 생각하는 것은 '일본'을 이야기하는 언설의 이면을 살핀다는 점에서 의미가 있다.

이미 언급했듯이『일본서기』의 '일본'은 외부와의 관계에서 자신들의 가치를 나타내는 것이었다. 외부인 한반도에서 '일본'의 가치를 드러내는 명칭으로, '서번'(한반도)—'귀국'(일본)이라는 세계관계를 성립시켰다.

이에 비해『고사기』에는 중국이 등장하는 장면이 없다. 진구 황후 이야기(중권의 오진 천황 조)에는『위지』나『진기거주』가 인용되어 있지 않으며, 하권의 스이코 천황 조에는 계보적 기사만 있기 때문에 당연히 견수사에 대한 언급이 없다. 하권의 유랴쿠 천황(雄略天皇) 조에 보이는 '오인(吳人)'이 문제가 되는데, 이것도 백제인·신라인이 아니라는 것 이상의 의미는 없다. 중권 오진 천황(應神天皇) 조의 '오복(吳服)'이 백제에서 전래된 기술 가운데 백제의 것이 아닌 '오(吳)'의 것이 있었음을 뜻하는 바와 마찬가지다. 그런 사람이 도래했다는 정도의 뜻으로, '오(吳)'라는 나라는 문제가 되지 않는다. 또한 『일본서기』에는 백제·신라·고구려의 삼한(三韓)을 진구 황후가 복속시켰다고 기술되어 있지만, 『고사기』에는 고구려가 아예 등장하지 않는다. 무엇보다 중국이 등장하지 않는 점은 『일본서기』와 비교할 때 결정적인 차이라 여겨진다.

단적으로 『고사기』는 외부(자신들과 다른 가치를 가지며 밖에 있는 존재)를 이야기하지 않는다고 할 수 있다. 『고사기』에 나타나는 것은 신라와 백제뿐이다. 그러나 그것은 외부에 존재하는 것이 아니다. 『고사기』에 따르면 신라국은 우마카이(馬飼い), 백제국은 바다 건너의 미야케(屯家)라 정해졌으며, 스미노에 신(墨江大神)을 신라국의 수호신으로 삼았다고 한다.[28] 『고사기』의 신라·백제는 대팔도국(大八嶋國, 오호야시마쿠니)의 연장선상에 위치하며 천황이 다스리는 '천하'의 일부로 그려져 있다.

여기에서 진구 황후의 계보 문제를 상기해보자. 오진 천황 조 말

---

28 이 내용은 『일본서기』에는 없다.

미에 신라 왕자 아메노히보코의 도래 기사가 있는데, 그 자손으로 진구 황후(오키나가 다라시히메노 미코토)의 어머니인 가쓰라기노 다카누카히메노 미코토의 이름이 보인다.

『고사기』에 따라 계보화하면 다음과 같다.

> 아메노히보코―다지마모로스쿠―다지마히네―다지마히라나키―
> 다지마모리―다지마히타카―가쓰라기노 다카누카히메노 미코토―
> 오키나가 다라시히메노 미코토

진구 황후가 신라 왕자의 혈통을 잇는다는 점을 확인함으로써 신라와의 연관성이 필연적임을 나타내는 것이다. 또한 신라에서 도래한 자가 그대로 정착했다고 하는 진구 황후의 계보적 기사의 의미에 주의하고 싶다. 『일본서기』에는 그러한 계보가 없다. 양자를 비교하면 『고사기』에서 신라는 외부가 아니라는 점을 알 수 있다.

『고사기』는 외부를 갖지도 외부로부터 명명되지도 않는다. 그러므로 외부적 존재인 한반도로부터 가치를 확인하는 '일본'이 당연히 없는 것이다.

『고사기』에서의 '야마토'

『고사기』에서 자신들의 나라(세계)에 대해 이야기할 때는 '야마토

(倭)'라 한다. '오호야마토 도요아키즈시마'는 『일본서기』에 '大日本豊秋津洲', 『고사기』에 '大倭豊秋津島'로 표기된다. 또한 진무 천황의 이름인 '간야마토 이와레비코'는 『일본서기』에 '神日本磐餘彦', 『고사기』에 '神倭伊波禮毘古'로 표기된다.

『고사기』에서 '왜(倭)' 자는 인명까지 포함하여 총 64회 쓰였는데 모두 '야마토'라 읽는다. 그것은 노래에 쓰인 '야마토'(10회)와 더불어, '천하(天下)'라 불리는 자신들 세계 내부에서의 명칭이었다.

'야마토'는 원칙적으로 일국명으로 쓰였다. 예를 들면 "이즈모(出雲)에서 야마토 국(倭國)으로 올라가려고"(神代)라는 구절에서 확인할 수 있다. 다만 일국명을 넘어서는 의미로 볼 만한 용례가 없는 것은 아니다. 먼저 하권 닌토쿠 천황(仁德天皇) 조에 기러기의 산란을 둘러싸고 천황과 다케노우치노 스쿠네(建內宿禰)가 주고받은 노래가 있다. 천황이 아래와 같이 물었다.

다케노우치노 스쿠네여, 오랜 세월 살아온 그대는

야마토 국에서 기러기가 알을 낳았단 이야기를 들은 적이 있는가

보통 철새인 기러기가 '야마토'에서 산란하는 일은 없다. 그래서 천황은 세이무 천황(成務天皇) 이래 오래도록 신하로 있었던 다케노우치노 스쿠네에게 그대는 들은 적이 있냐고 물은 것이다. 이에 대

한 답가는 아래와 같다.

천황이시여, 잘 물으셨나이다 참으로 잘 물으셨나이다
저는 정말 오래 살았지만 야마토 국에서
기러기가 알을 낳았단 이야기는 들은 적이 없나이다

다케노우치노 스쿠네는 자신한테 물어본 것은 잘한 일인데 오랜 세월을 산 자신도 들어본 적이 없다고 답한다. 이렇게 있을 수 없는 일이 일어났다는 사실이 천황의 훌륭한 치세를 증명해준다는 이야기이다. 나니와(難波)의 다카쓰 궁(高津宮)에 진좌하여 천하를 다스린 닌토쿠 천황이 요도 강(淀川) 하구에 있는 히메지마(日女島)에 행차했을 때 읊은 노래라고 한다. 이야기의 문맥상 인용문의 '야마토'를 일국의 '야마토'라 보기는 어렵다.

또한 하권 유랴쿠 천황 조에 가쓰라기(葛城)의 히토코토누시 신(一言主大神)과 만나는 장면이 있다. 천황이 가쓰라기 산에 행차했을 때 천황의 행렬과 똑같은 신의 행렬과 마주친 것이다. 이를 꾸짖으며 천황은 다음과 같이 말한다.

이 야마토 국에 나 말고 다른 왕은 없는데
지금 이리 가는 건 대체 누구냐

'야마토 국'에 왕은 자신뿐이니 자신과 같은 행렬을 해서는 안 된다는 말이다. 이때의 '야마토'는 천하를 다스리는 자의 입장에서 말하는 것이므로 일국명일 수 없다.

하지만 그렇다고 해서 『고사기』의 '야마토'가 일국명에 그치지 않고 총칭으로 쓰였다고 간단히 정리할 문제도 아니다.

'야마토'와 천황의 세계

왜냐하면 '야마토'는 왕권이 미치는 땅이자 천황의 세계 그 자체라는 의식이 강하게 반영되어 있는 명칭이기 때문이다.

'야마토'가 이름에 붙는 야마토타케노 미코토(倭建命) 이야기에서 이 점을 잘 알 수 있다. 야마토타케라는 이름은 구마소타케루를 토벌했을 때 헌상 받은 것이다. 오우스노 미코토(이것이 야마토타케의 본명이다)는 구마소타케루 형제를 토벌하기 위해 여장을 하고 연회장에 잠입하여 그들에게 접근했다. 오우스노 미코토는 연회가 한창일 때 품에서 칼을 꺼내 형을 찔러 죽이고 도망간 아우를 쫓아가 뒤에서 찔렀다. 그러자 동생 구마소타케루는 다음과 같이 말한다.

서쪽에 우리 두 사람 외에 강하고 용맹스러운 자는 없다. 그러나 오호야마토 국(大倭國)에 우리 두 사람보다 강한 남자가 있다. 이에 나의 이름을 바치노라. 앞으로 야마토타케노 미코(倭建御子)라 부르라.

구마소타케루는 '오호야마토 국'에 자신들보다 강한 자가 있음을 알고 이름을 헌상한다. 오우스노 미코토는 야마토타케가 되어 이즈모타케루를 토벌하고, 나아가 동쪽의 난폭한 신과 따르지 않는 자들에게 복종을 맹세하도록 했다. 이로써 '야마토'를 중심으로 대팔도국의 영역 전체를 천황의 '천하'로 실현한 것이다.[29]

이처럼 '야마토'를 중심으로 한 '천하'라는 의식이 앞의 유랴쿠 천황 조에 잘 드러난다. 닌토쿠 천황 조의 기러기 산란을 둘러싼 노래도 마찬가지다. 같은 닌토쿠 천황 조의 노래에 기비 국(吉備國)의 구로히메가 있는 곳에서 도읍으로 가는 천황의 배를, 구로히메는 '야마토'로 간다고 표현했다.

    야마토로 가는 건 누구의 부군인가
    은밀하게 정을 통하고 가는 건 누구의 부군인가

'야마토'로 가는 사람은 내 남편이다, 몰래 정을 통하고 가는 사람은 내 남편이라는 뜻이다. 궁은 나니와에 있는데, 배의 행선지를 '야마토'라 한다. 나니와를 도읍으로 삼았어도 '야마토'를 중심으로 한 세계라는 것이 명시되어 있는 노래이다. 기러기 산란의 노래도 같은

29 중권 게이코 천황 조.

맥락이라고 할 수 있다.

'야마토'는 일국명이 원칙이다. 그러나 전체가 '야마토'로 흡수되어 '야마토'를 중심으로 둘러싸인 천황의 세계라는 의식이 강하게 있었다고 하겠다.

『고사기』는 '일본'이라는 외부로부터의 가치 부여에 의한 세계관계를 만들지 않고, '야마토'를 중심으로 한 천황의 세계가 신라·백제에까지 그대로 확장되는, 그러한 제국적 세계를 성립시키는 것이다. 이를 통해 『고사기』 편찬 시대인 자신들의 현재로 이어지는 세계를 확신하고 그들의 세계를 보장 받을 수 있었다.

3. '일본'의 유래

『고사기』·『일본서기』가 그리는 세계의 도식

앞에서 보았듯이 『고사기』·『일본서기』가 '일본'을 표방하는가 그렇지 않은가의 차이는 자신들의 세계를 어떻게 확신하는가, 라는 문제와 연관된다. 그 세계의 본질은 한반도를 복속시키는 제국적 국가라는 점에 있다. 지금까지 설명한 것을 도식화해보면 다음과 같다.

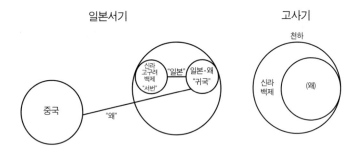

이러한 형태로 '일본'이라는 명칭의 성립을 파악할 수 있다. 고대 제국적 세계상으로서의 '일본'이다.

'일본'의 유래

이와 같이 고대 국가가 설정한 '일본'의 의미에 대해 살펴보았다. 하지만 계속해서 물어야 할 것이 있다. '일본'이라는 명칭을 만들어낸 것, 단적으로 말해 '일본'이라는 명칭의 발명까지 거기에서 이루어졌는가라는 문제이다.

왜냐하면 '일본'이 중국에서 받아들여진 이름이었다는 점을 생각하지 않을 수 없기 때문이다. 제1장에서 말한 대로, '일본'이라고 자신들이 정한 것만으로는 무의미하다. 그 명칭이 수용됨으로써 비로소 의미를 갖는 것이다. 고대 동아시아 세계에서 그러한 결정권은 중국왕조만이 가질 수 있었다. '일본'은 중국왕조(당시는 측천무후의 주대)가 인정함에 따라 국호가 될 수 있었다.

그것은 측천무후가 '왜국'을 '일본국'으로 개칭했다는 형태로 승인되었다. 그렇다면 '일본'은 중국 측에서 볼 때 부적절한 명칭은 아니라고 이해되었던 셈이다. 혹은 중국 측에서 인정할 만한 명칭을 택하지 않으면 안 되었던 것이다.

'일본'은 중국의 세계상(중화적 세계질서) 속에서 탄생했다고 보는 것이 자연스럽고 쉽게 납득할 수 있다. 중국의 세계상에 입각하여 '왜'와 더불어 '일본'에 대해 더 검토할 필요가 있다.

제3장

고대 중국에서의 '왜'와 '일본'

1. '왜'의 의미
2. 고대 중국에서의 '일본'
3. 고대 중국의 세계상과 '일본'

1. '왜'의 의미

'왜'는 중국에서 부르는 호칭이었다. 그런데 신구 『당서』에 따르면, '왜'를 '일본'으로 바꾼 것은 일본이 '왜'라 불리는 것을 싫어했기 때문이라고 한다.[30] 무엇을 싫어했는지를 알기 위해 그것이 어떠한 의미였는지에 관해 살펴볼 필요가 있다. 중국 문헌을 살펴가며 '왜'의 의미를 생각해보겠다.

『산해경』

정사에 '왜'의 전(傳)이 성립된 것은 『후한서』 이후이지만, '왜'라는 명칭이 가장 먼저 사용된 것은 『산해경(山海經)』이다. 흔히 신화서·지리서로 평가되는 『산해경』은 중국 외부 세계에 관해 기술한 것으로, 믿기 어려운 괴담을 많이 싣고 있다. 성립은 일찍이 전국 시대(기원전 403~기원전 221) 이전으로 추정하는데, 권12 「해내북경(海內北經)」

30 이 책 제1장 제1절 참조.

에 '왜'가 보인다.

> 개국(蓋國)은 거연(鉅燕)의 남쪽, 왜의 북쪽에 있다. 왜는 연(燕)에
> 속한다.

'개국'에 관해 설명하는 기사로, '거연'(강대한 연나라)과 '왜'의 관계
를 나타낸다. '왜'는 연나라에 속한다고 한다. '왜'를 설명하기 위한
기사라 할 수는 없지만, 3세기 말에서 4세기 초의 인물인 곽박(郭璞)
이 『산해경』에 주를 달 때 『위지』 왜인전을 인용했듯이, 이것은 후대
에 '일본'에 관한 기사로 이해되었다. 다만 곽박의 주에도 '왜'의 의미
에 관한 설명은 없다.

덧붙여 말하자면 『산해경』 권9 「해외동경(海外東經)」에는 '군자국
(君子國)'이 있다고 되어 있다. 「해외동경」은 '탕곡(湯谷)'과 '부상(扶桑)'
에 관해 기술하는 권으로, 후술하듯이 이 나라를 동쪽 끝 해 뜨는 땅
으로 파악하는 것과 관련된다. 앞에서 아와타노 마히토가 만난 당의
관리가 바다 동쪽에 대왜국이 있는데 그 나라를 군자국이라 하며 예
의가 행해지고 있다고 들었다고 한 것을 상기시킨다.[31] '군자국'이라
는 것은 이 『산해경』에 유래한다.

---

31 이 책 제1장 제1절 참조.

『한서』와 그 주석

전한(기원전 202~기원후 8)의 역사를 기록한 『한서(漢書)』(1세기 성립)의 지리지, 연지(燕地) 조에는 다음과 같이 적혀 있다.

> 낙랑(樂浪)의 해중에 왜인이 있다. 나뉘어 백여 국을 이루며 해마다 와서 알현했다고 한다.

이 기사에 의해 본래 '왜'가 종족을 나타냄을 알 수 있다. 그리고 여기에 달린 주 가운데 '왜'의 의미를 풀이한 것이 있다. 7세기 초당 시기 인물인 안사고(顔師古)가 그때까지의 주를 집성, 취사선택하여 『한서』에 주석을 달았다. 『한서』는 안사고의 주석본으로 읽는 것이 보통인데, '왜인'에는 여순(如淳), 신찬(臣瓚), 안사고 세 명의 주가 달려 있다.

이를 둘러싸고 많은 논의가 있다. 니시지마 사다오의 저서 『왜국의 출현: 동아시아 세계 속의 일본』에 의하면, 여순은 '왜'를 "먹으로 얼굴에 위(委)하다(=쌓다)라는 뜻이리라"고 한다.[32] 얼굴이나 몸에 문신을 하는 습속에서 풀이한 것으로 보인다. 『위지』에 나오는 문신에 관한 기사에 따른 주일 터이다. 신찬은 '왜'가 국명이므로 문신이라

---

32   西嶋定生, 『倭國の出現: 東アジア世界のなかの日本』, 東京大學出版會, 1999.

는 해석은 맞지 않는다고 했다. 안사고도 이를 지지하며 '왜' 자의 음은 '와'이니 '위(委)'와 '왜(倭)'는 음이 다르고, '왜국'에 대해서는 『위지』에 기사가 있다고 했다. 안사고의 여순에 대한 비판은 납득이 가지만, 다만 여순과 같은 해석이 있었다는 점은 기억해두자.

헤이안 시대에 열린 『일본서기』 강서 논의 중에도 '왜'의 해석을 둘러싸고 『한서』의 주가 화제가 된다. 조헤이(承平) 6년(936)에서 덴교(天慶) 6년(943)에 걸쳐 행해진 강서인 「일본서기사기」[33]에 따르면 다음과 같다.

> 묻기를, 이 '왜' 자의 훈은 그 뜻을 풀면 어떠한가.
>
> 스승이 설하기를, 엔기의 설에 한서에 각각 진작(晉灼)·여순의 주가 있다. 하지만 대체로 훈을 밝히는 글자가 없다고 한다. 살펴보건대 여러 자전 중에도 이를 풀이한 것이 없다.

문답의 형태인데, 질문은 '왜' 자의 의미를 어떻게 풀이하느냐이다. 이에 스승, 즉 강의를 행한 박사 야타베노 긴모치(矢田部公望)는 "엔기의 강서에서 제시한 설에서는 한서에 진작이나 여순의 주가 달

---

33   현존하는 것은 첫 부분뿐이다. 이 외에도 「일본서기사기」라 불리는 텍스트가 있으므로 구별해 정본(丁本)이라 한다.

려 있지만 '왜'의 의미를 밝히는 것은 아니다. 내가 생각해도 여러 자전에 이를 설명하는 것이 없다"고 답했다.

현재의 안사고 주석본에는 여순의 주는 보이지만 진작의 주는 없다. 엔기의 강서 때 볼 수 있었던 『한서』는 안사고 주석본 외에도 다른 텍스트가 있었던 것 같다. 여하튼 '왜'의 의미는 명확하지 않으며 자전을 봐도 알 수 없다고 한다. 요컨대 명쾌한 해석을 얻을 수 없다는 말이다.

자전

'여러 자전'이라고 했는데, 구체적으로는 무엇을 본 것일까. 각종 자전류가 전해지고 있었음은 『일본국현재서목록』에 의해 알 수 있다. 헤이안 시대에는 실제로 이것들을 이용하기 쉽게 재편한 『동궁절운(東宮切韻)』이 편찬되었다. 『동궁절운』은 스가와라노 고레요시(管原是善, 812~880)가 편찬했다. 수·당대의 『절운(切韻)』[34]이라 불린 자전류를 집성한 것이다. 현전하지 않지만 여러 서적에 널리 인용된 흔적이 남아 있다. 『석일본기』에는 「일본서기사기」 정본(丁本)을 인용한 후에 『동궁절운』과 『옥편(玉篇)』[35]을 들고 있다. 고대 중국에서

---

34 601년 성립. 육법언(陸法言) 외 편찬. 5권. 음표법 반절(反切)에 의해 한자의 음을 나타내고, 193운을 평(平), 상(上), 거(去), 입(入)의 사성으로 분류한 책이다.─옮긴이 주
35 543년 성립. 남북조 시대 양(梁)의 고야왕(顧野王) 편찬. 30권. 자전마다 다른 자형과 해석

쓰인 '왜' 자의 의미를 이해할 수 있는 자전류로 적합한 것이기 때문이다. 강서 시에 자전이라 한 것도 이를 가리킨 것으로 보인다.

다행스럽게 '왜' 항목은 『석일본기』 외에 『화한연호자초(和漢年號字抄)』라는 가마쿠라 시대 초기(13세기 중반)의 책에도 인용되어 있는데, 이쪽이 보다 완전한 형태를 전한다. 거기에는 이렇게 쓰여 있다.

동궁절운에 말하기를, 육법언(陸法言)이 이르기를 음은 오화(烏和)의 반절이다. 동해 중의 여왕국이다. 장손눌언(長孫訥言)이 이르기를 변경의 국명이다. 설순(薛峋)이 이르기를 또는 어위(於危)의 반절이다. 글자는 따르는 형상이다. 축상구(祝尙丘)가 이르기를 왜인은 동이의 나라이다. 옛날 백여 국이 있었다. 바다 가운데 있으며 산과 섬으로 나라를 이룬다. 또한 여왕국이 있는데 역시 왜의 부류이다. 이 나라는 한나라 영제(靈帝) 때 일찍이 남자를 왕으로 세웠으나 나라가 어지럽고 안정되지 않았다. 그리하여 여자를 왕으로 세워 마침내 안정을 찾았다. 바다 건너 천 리 밖에 왜국이 있다. 손면(孫愐)이 이르기를 글자는 따르는 형상이다. 동해 중의 일본국이다.

상의 차이를 바로잡기 위해 1만 6,017자(字)를 540부(部)로 구분해 편찬했는데, 완본(完本)은 전해지지 않는다.—옮긴이 주

육법언, 장손눌언, 설순, 축상구, 손면은 모두 자전 편자의 이름이다.[36] 개관하면 '왜'에 관해 '와'(오화의 반절)와 '위'(어위의 반절)라는 다른 음, '여왕국'이나 '국명', '따르는 형상'이라는 설명이 거의 공통적으로 들어 있다.

또한 『석일본기』는 『동궁절운』 다음에 『옥편』을 인용한다.

옥편에 이르기를 어위(於爲)의 반절이다. 설문에 이르기를 따르는 형상이다. 시(詩)에 이르기를 위화(爲禾)의 반절이다. 국명이다.

이것도 '위'(어위의 반절)와 '와'(위화의 반절) 두 개의 음과, 다른 의미('위'는 따르는 형상, '와'는 국명)가 있다는 것이다. 보충하면 『옥편』은 『설문해자(說文解字)』를 인용했다. 『설문해자』에는 「시(詩)」[37]가 인용되어 있다. 『석일본기』는 그 인용문을 생략하여 이해하기 어려워졌다.[38]

『석일본기』는 『동궁절운』과 『옥편』에 의해 고대 중국의 자전을 대략 살펴본 셈이다. 그 결과를 간략하게 말하면 '와'와 '위' 두 개의

---

36 『석일본기』의 『동궁절운』의 인용에는 '축상구'의 이름이 생략되어 있다.
37 『모시(毛詩)』 「소아(小雅)」편 사목(四牧)의 구 '주도왜지(周道倭遲)'가 있다. '왜지'는 돌고 돌아 멀리 가는 것을 말한다.
38 '따르는 형상'이라는 의미와 용례가 서로 부합하지 않아서일지도 모른다.

음이 있으며, '위'는 순종의 뜻으로 풀이되고, '와'는 그 뜻을 설명하지 않고 동이의 국명이라고만 이해했다.

이렇게 보면 역시 강서의 박사 야타베노 긴모치가 말한 대로 '왜(와)'의 명칭의 의미는 중국 자전에도 명확하지 않아 잘 모른다고밖에 할 수 없다.

국명 '왜'의 의미

'왜'의 의미는 명확하지 않다. 요컨대 의미가 분명하지 않으며, 모토오리 노리나가가 『국호고』에서 "어떤 뜻으로 명명한 것인지 그 연유를 분명하게 알 수 있는 근거"는 없다고 말한 대로이다. 따라서 '왜'의 명칭 변경이 무엇을 기피해 이루어졌는지도 모른다고밖에 할 수 없다. 다만 앞에서 본 것처럼 『한서』 여순의 주와 같은 것이 있었다고 하면 그런 명칭은 기피하고 싶었던 것일까, 라는 정도이다. 노리나가는 『고사기』가 '왜'를 쓰는 것에 대해 "그 나라에서 명명하여 쓰는 글자를 그대로 사용하는 일도 있을 법하다"라고도 한다.

이 노리나가의 발언을 더욱 적극적으로 받아들일 수 있다. 관용적 사용에 불과하며 글자에 의미를 담지 않았다는 것이다. '왜' 자체는 의미상 중립적이며, '야마토' 땅을 표시할 따름이다. 『고사기』 신화에서 말하는 천황의 세계 '왜(야마토)'는 그 글자의 의미와는 무관하게 이야기 속에서 성립된다.

2. 고대 중국에서의 '일본'

'일본'으로 되돌아가자. 그 명칭이 본래 중국에 있었다면 중국 측에서는 무난하게 인정받을 수 있었을 것이다. 이하 그 가능성에 대해 검토하고자 한다.

진 혜제 치세: 정본의 증언

우선 앞서 제시한 「일본서기사기」의 정본에 이러한 문답이 있다. "『일본서기』를 읽기 위해 어떤 서적을 갖추면 좋겠는가"라고 물었더니, 박사가 답하기를, "『선대구사본기(先代舊事本紀)』·『상궁기(上宮記)』·『고사기』·『대왜본기(大倭本紀)』·『가나 일본기(假名日本紀)』 등이다." 그러자 당시 참의였던 기노 요시미쓰(紀淑光)가 "일본이란 어떤 의미인가, 또 어느 시대에 일본이라는 호칭이 시작되었는가"라고 물었다.

강서는 『일본서기』라는 서명부터 논의하기 시작하여 제일 먼저 '일본'을 문제로 삼았다. 그 설명이 이미 끝난 뒤이므로 다소 새삼스

러운 느낌도 들지만 『가나 일본기』라는 서명이 나왔기에 다시 쟁점
화한 것이다.

이에 대해 박사를 보좌하는 상복(尙復)과 박사 야타베노 긴모치가
거듭 답한다. 상복이 말한다.

> 상고에는 모두 왜국, 왜노국이라 칭했다고 한다. 당력에 이르러 비로
> 소 일본이라는 호칭이 보인다. 발제 초반에 스승이 이렇게 설명했다.

서명에 관한 논의 초반에 스승이 말한 대로라며, 중국 문헌에 의
하면 상고에는 모두 '왜국', '왜노국'이라 했고, 『당력』에 처음으로 '일
본'이라는 호칭이 보인다고 한다. 이미 다 설명했다는 분위기가 엿
보이는데, 박사가 이에 덧붙인다.

> 스승이 설하기를, 일본이라는 호칭은 진(晉) 혜제(惠帝) 때 보인다고
> 하나 명확하지 않다. 다만 수서 동이전에 해 뜨는 나라의 천황이 삼
> 가 해 지는 나라의 황제에게 아뢴다고 쓰어 있다. 그렇다면 즉 동이
> 의 해 뜨는 땅에 있기에 일본이라 하는가.

대강의 뜻은 이러하다. '일본'이라는 호칭은 진 혜제 때 보이는데,
그 의미하는 바가 명확하지는 않다. 다만 『수서』 「동이전」에 비춰보

면 동이의 해 뜨는 땅에 있기 때문에 '일본'이라고 하는 것일까, 라는 것이다.

여기서 『수서』의 인용은 정확하지 않다. 『수서』에는 "해 뜨는 곳의 천자가 해 지는 곳의 천자에게 글을 보낸다"라 한 대목이 양제의 화를 샀다고 한다. 이 스승의 설명은 『일본서기』 스이코 천황 16년 9월 기사에 수에 보낸 국서에 "동 천황이 삼가 서 황제에게 아뢴다(東天皇敬白西皇帝)"라 적혀 있는 것과 『수서』의 문언을 섞은 것이다. 의도적인 개변이라 생각되는데, 주목하고 싶은 점은 진 혜제라는 이른 시대(290~306)에 '일본'이라는 호칭이 보이는 것이다.

상복이 『당력』에 처음으로 보인다고 한 것은 중국 왕조가 '일본'이라는 호칭을 인정했다는 것이며,[39] 박사는 『진서』에는 단지 '일본'이라는 이름이 보일 뿐이라고 한 것이다. 그러므로 의미 불명이라고 하면서, 『수서』에 '해 뜨는 나라'라고 하니 동이의 해 뜨는 땅에 연유한 호칭이 아닐까 정도로 추정한다.

'일본이라는 호칭은 진 혜제 때 보인다'는 것은 얼마나 확실한가. 현재로서는 확인이 불가능하다. 현행 『진서』에는 「왜인전」을 포함해 '일본'은 보이지 않는다. 「일본서기사기」 정본이 무엇에 의거해 그렇게 말하는지 확인할 수 없다.

39 이 책 제1장 참조.

그러나 이를 무언가의 오류라거나 불명이라는 식으로 끝낼 수는 없다. 긴모치가 '보았다'고 증언하는 것을 중시하고 싶다.『일본국현재서목록』에 보이는 바와 같이 헤이안 시대까지『진서』는 여러 종류가 전해졌으며, 그와 함께 지금은 전하지 않는『수문전어람(修文殿御覽)』이나『비부략(秘府略)』등 대규모의 유서(類書)도 볼 수 있었다. 현재 알려진『진서』의 일문(逸文) 등에서는 볼 수 없지만, 그러한 기술이 있었을지도 모른다.

『술이기』: 일본국의 황금 복숭아

다음으로 육조 양대의 임방(任昉, 460~508)이 지은『술이기(述異記)』에 '일본국'에는 황금 복숭아가 열리는 나무가 있다는 기술이 보인다.

방당산(磅磄山)은 부상을 떠나 오만 리, 해가 미치지 않는 곳으로 그 땅은 매우 춥다. 천 아름이나 되는 복숭아나무가 있다. 만 년에 한 번 열매를 맺는다. 일설에 일본국에 황금 복숭아나무가 있다고 한다. 그 열매의 무게는 한 근이다.[40]

'일본'에 황금 복숭아나무가 있다는 것은 일종의 황금전설이다. 하

---

40 『한위총서(漢魏叢書)』에 의한다.

지만 『술이기』는 후대인 당·송대에 만들어진 위작이라고 여겨진다. 위의 기사로는 일찍이 육조 시대에 '일본국'의 예가 있었다고 확실히 말할 수 없다.

그러나 이 기사의 전반부는 『예문유취(藝文類聚)』 「도(桃)」부에 "습유기(拾遺記)에 이르기를"이라 하여 다소 차이는 있으나 거의 동일한 기사가 실려 있다. 『습유기』 권3에도 이에 대응하는 기사가 있다.

부상을 떠나 오만 리, 방당산 위에 백 아름이나 되는 복숭아나무가 있다. 그 꽃이 검푸르며 만 년에 한 번 열매를 맺는다.[41]

『술이기』가 위작이라 해도, 만 년에 한 번 열매를 맺는다는 터무니없이 거대한 복숭아나무 전설이 육조 시대로 거슬러 올라가는 데는 까닭이 있는 것이다. 그러나 중요한 후반부 '일설'로 기술되는 '일본국' 황금 복숭아나무 이야기는 그 흔적을 찾을 수 없다.

다만 '일설'이 아무 근거가 없다는 말은 아니다. 무언가가 있기에 이러한 기사가 실렸으리라. 가능성에 그치지만 육조 시대에 '일본국'이라 했다고 생각해도 좋을 듯하다.

황금 복숭아나무 이야기는 동방 저 너머 세계의 도저히 사실이라

41 『한위총서』에 의한다.

고 생각할 수 없는 기이한 전설이다. 동쪽 끝에는 그러한 불가사의한 일도 있을 수 있다고, '일본'과 관련해 고대 중국에 전해졌던 것이다.

발해국서 속 '일본'

연대적으로 보면 후대로 내려오지만, 진키(神龜) 4년(727) 발해 국사가 처음으로 가져온 국서에 주의해야 한다. 『속일본기』 진키 5년 (728) 5월 17일 조에 실려 있다.

무예가 아룁니다. 양국은 산천을 달리 하고 국토는 멀리 떨어져 있습니다만, 강력한 나라임을 멀리서나마 듣고, 마음을 기울여 우러르고 있습니다. 엎드려 생각건대 대왕의 조정은 천명을 받아 일본에 왕조를 열고 대대로 영화를 쌓으며 선조 때부터 줄곧 번영을 누리고 있습니다. 무예는 외람되나 대국의 왕으로 책봉되어 여러 번을 통치하고 있습니다. 고구려의 옛 영토를 회복해 부여의 옛 풍습을 지키고 있습니다. 그러나 너무 멀리 떨어져 바다가 사이를 가로막고 있는 탓에 소식이 통하지 않고 경조를 묻지도 못했습니다. 앞으로 화친을 맺고자 합니다. 바라건대 전례에 따라 사신을 보내 이웃나라로서 외교하기를 오늘부터 시작하고 싶습니다. 삼가 영원장군(寧遠將軍) 고인의 (高仁義), 유장군(游將軍) 과의도위(果毅都尉) 덕주(德周), 별장(別將) 사항(舍航) 등 24인을 보내 서신을 올리고 아울러 담비가죽 300

장을 보내드립니다. 보잘 것 없는 토지의 산출이지만 이로써 헌근지
성을 나타내고자 합니다. 특별히 진귀한 것이 아니라서 오히려 웃음
을 사지 않을까 부끄럽습니다. 생은 유한하여 제 성의가 충분히 전달
되리라고는 생각지 않습니다만, 때때로 소식을 보내 오래도록 이웃
나라와 우호를 돈독히 하고자 합니다.[42]

   요컨대 고구려의 옛 땅을 회복했다며 지금까지와 마찬가지로 이
웃나라로서 우호를 나누고 싶다는 것이다. 헤이안 시대까지 지속되
는 발해와의 통교가 이렇게 시작되었는데, 발해가 스스로 모순된 기
술을 하는 점에 유의하고자 한다.

   · 대왕의 조정은 천명을 받아 일본에 왕조를 열고,[43] 대대로 영화를
   쌓으며 선조 때부터 줄곧 번영을 누리고 있습니다.(大王. 天朝受命.
   日本開基. 奕葉重光. 本枝百世.)
   · 무예는 외람되나 대국의 왕으로 책봉되어 여러 번을 통치하고 있
   습니다. 고구려의 옛 영토를 회복해 부여의 옛 풍습을 지키고 있습니
   다.(武藝忝當列國. 濫惣諸蕃. 復高麗之舊居. 有扶餘之遺俗.)

42   신일본고전문학대계에 의한다.
43   신일본고전문학대계의 훈점에 애매함이 있지만 그대로 둔다.

'천조수명(天朝受命)'은 중국 왕조로부터 명을 받는다고 해석할 수도 있다. 그러나 6세기 이후로는 중국으로부터 책봉을 받지 않았으므로, 이러한 국제 관계를 고구려도 알고 있었을 것이다. '대왕천조(大王天朝)'는 '천황의 조정'을 가리킨다고 해석된다. '개기(開基)'로 이어지는 문맥은 대왕의 조정은 천명을 받아 왕조를 열었다고 해석하는 편이 타당할 것이다. '일본'은 문맥상 왕조개기의 땅으로 보는 것이 이해하기 쉽다. '일본' 땅에 왕조의 기틀을 세웠다는 의미가 된다.[44] '혁엽중광 본지백세(奕葉重光本枝百世)'는 '개기' 이래 대를 거듭하여 지금에 이른 것을 칭송하는 말이다. 그에 대해 발해는 고구려의 옛 땅을 회복했다고 한다.

 발해는 '일본'을 어떻게 알았을까. 발해 사신은 668년 고구려 멸망 이후의 국사였다. 덴무 천황 때까지 고구려 유민과 교섭이 있었는데, 40년의 공백이 있어 정보의 결락이 있었다. 율령 제도에 따른 '천황' 호칭을 모르고 있었기에 '대왕'이라고 부른 것이다. 첫 국서 외에 '대왕'은 보이지 않는다. 덧붙여 말하자면 덴표 11년(739) 12월 10일 조 두 번째 발해 국사의 국서에는 "엎드려 생각건대 천황의 성전지덕이 멀리 퍼져 혁세 영화를 쌓고 온화하게 모든 이에게 전해졌다"라며 '천황'이라 한다. 국서는 형식이 가장 중시된다. '천황'이라 하지

---

44   東野治之,「日本國號究動向と課題」,『史料學探訪』, 岩波書店, 2015(2013).

않은 것은 이시이 마사토시가 "발해 왕은 고구려 때 일본 군주를 '대왕'이라고 한 것에 기초해 '대왕'이라 부른 것이라고도 생각할 수 있다"고 한 대로이다.[45]

'일본천황'이라는 율령제의 군주 칭호를 몰랐다면 '일본'은 무엇에 의거한 호칭이었을까. 앞서 본 바와 같이 중국이 '일본'을 인정한 것은 다이호 2년(702)이었다. 고구려 시대에는 알 수 없었다. 713년에 당의 책봉을 받은 발해가 그것을 알았다고 생각할 수도 있다. 그러나 '천황'이라 하지 않은 점을 고려하면 '일본'은 그 이전에 별도로 있었던 호칭에 의거했다고 생각해도 될 것이다. 즉 본래 이 땅을 '일본'이라 부르는 경우가 있었다.

단 일본 땅에 기틀을 연 왕조이며 개기의 땅으로써 왕조명을 삼는 것이 원칙이므로,[46] '일본'이 왕조명이 되는 것이다. 발해도 그 왕조명(국명)을 알았고,[47] 왕조명은 지명에 의한다는 이해를 바탕으로 '일본 땅에 왕조(일본왕조)를 개기하고'라 기술했다고 보는 것도 충분히 가능하다.

---

45 石井政敏, 『日本渤海關係史の研究』, 吉川弘文館, 2001.
46 주나라가 그러했다고 강서에서 설했다. 이 책 제5장 참조.
47 국제관계상 알았다고 하는 편이 온당할 지도 모른다.

자전 속 '일본'

『동궁절운』이 『절운』 제본을 집성한 것 중 '왜' 항목에 관해서는 앞서 살펴보았다. 거기에 "손면이 이르기를, 따르는 형상이다, 동해 중의 일본국이다"라고 쓰여 있었다.

손면은 『일본국현재서목록』에 '절운 5권 손면 찬(切韻五卷孫愐撰)', 『신당서』에 "손면 절운 5권(孫愐切韻五卷)"이라 쓰여 있다. 『광운(廣韻)』 서문에 의하면 덴보(天寶) 10년(751)에 성립했다고 한다. 수나라 육법언 때 만들어진 것이, 당대 초기의 장손눌언 이하에 의해 증보되었다. 그 시대에 '왜'가 어떻게 인식되었는지는 이를 통해 볼 수 있다.

"동해 중의 일본국이다"는 무엇에 의거하는가. 『위지』 등 전 시대의 정사를 인용하는 육법언에 대해, '왜'는 지금의 '일본국'으로 측천무후 시대에 새롭게 인정받은 국호라는 당대의 인식을 제시한 것이라 생각할 수 있다. 그러나 마찬가지로 무언가 선행 문헌에 의거했다고도 충분히 생각할 수 있다. 초당까지 중국에서 동해 너머의 땅을 가리키는 명칭으로 '일본'이 있었을지도 모른다. 그 가능성을 상정해보는 것은 타당하리라.

'일본'의 탄생 기반

이상에서 '일본'의 용례를 검토함으로써 그것이 본래 중국에서 생겨난 명칭이라는 점에 관해서는 확실한 예를 들 수 없지만 가능성이 있음을 확인했다.

　살펴야 할 점은 그러한 가능성의 기반이다. '일본'이라는 호칭을
생겨나게 한 기반, 혹은 그것을 허용하는 기반이 중국의 세계상에
있었음을 봐야 한다.

3. 고대 중국의 세계상과 '일본'

고대 중국은 어떠한 세계상 하에서 주변의 동쪽 세계를 파악했을까. 그 속에서 '일본'이라는 명칭이 어떻게 있었을까.

해가 솟는 나무 '부상'

먼저 '부상(扶桑)'에 주목해 보자. 그것은 『산해경』과 기원전 2세기에 성립한 『회남자(淮南子)』에 보인다.

『회남자』의 「천문훈(天文訓)」에는 다음과 같이 쓰여 있다.

> 해는 양곡(暘谷)에서 나와 함지(咸池)에서 목욕하고 부상에서 솟아오른다. 이를 신명(晨明)이라 한다. 부상에 올라 여기에서 비로소 운행한다. 이를 비명(朏明)이라 한다.

뜨거운 물이 있는 곳인 '양곡'은 일출의 땅으로, 해는 '부상'에서 솟아오른다. 다만 이 '부상'은 '동방의 들'로 해석된다.

『산해경』「해외동경」에는 좀 더 자세하다.

> 아래에 탕곡(湯谷)이 있다. 탕곡 위에 부상이 있다. 열 개의 태양이 목욕하는 곳으로 흑치(黑齒)의 북쪽에 있다. 물속에 있으며 큰 나무가 있다. 아홉 개 태양은 아랫가지에 머물고, 한 개의 태양은 윗가지에 머문다.

'탕곡'은 '양곡'과 동일하며 뜨거운 물이 있는 계곡을 뜻한다. 열 개의 태양이 목욕하는 곳이다.[48] 흑치국 북쪽에 있으며 그곳에 해가 솟아오르는 '부상'이라는 나무가 있다고 한다.

이와 동일한 내용이 「대황동경」에도 보인다.

> 계곡이 있어 뜨거운 물이 샘솟는 계곡이라 한다. 탕곡 위에 부목(扶木)이 있다. 하나의 태양이 들어오면 하나의 태양이 나간다. 모두 까마귀를 싣고 있다.

교대로 나오는 열 개의 태양은 모두 까마귀를 싣고 있다. 그 열 개의 태양을 낳은 것이 의화(義和)였다고 「대황남경」에 쓰여 있다.

---

48 태양이 열 개나 있는 이야기는 『회남자』에도 보인다.

여자가 있다. 이름을 의화라 하고, 실로 태양을 감연(甘淵)에서 목욕시킨다. 의화는 제준(帝俊)의 처로 열 개의 태양을 낳았다.

또한 열 개의 태양에 관한 기사는 유서인『예문유취』·『초학기(初學記)』에도 인용되어 있어 잘 알려져 있다. 또 요(堯) 임금 때 열 개의 태양이 한꺼번에 나와 초목이 말라죽게 되자 활쏘기 명수인 예(羿)가 아홉 개의 태양을 쏘아 떨어뜨렸다는 이야기가『초사(楚辭)』주와『회남자』주에 보인다.

이러한 '부상'에 관한 내용이 앞서 언급한 고대의 자전『설문해자』에도 정착하여 다음과 같이 쓰여 있다.

약(叒), 태양은 처음 동방의 탕곡에서 돋아 부상(榑桑) 위로 솟아오른다. 약(叒)은 나무이다. 상형이다. 무릇 약(叒)의 부류는 모두 약(叒) 자에 따른다. 이작(而灼)의 반절이다.

'부(榑)'는 '부(扶)'와 통하며, '부상(榑桑)'은 '부상(扶桑)'과 동일하다. '부상'에 관해『설문해자』에는 또 다른 기사가 있다.

부(榑). 부상(榑桑)은 신목으로 태양이 나오는 곳이다. 의미는 목(木)을 따르며 부(榑)는 소리이다. 방무(防無)의 반절이다.

요컨대 열 개의 태양이 목욕하는 '탕곡(양곡)'이 있으며, 그 계곡 위에 태양이 솟아오르는 '부상'이라는 나무가 저 멀리 동이의 세계에 있다고 이야기하는 것이다.

『문선』에서의 '양곡'과 '부상'

고대 중국의 세계상이라 해도 좋다. 그러한 '양곡(탕곡)'과 '부상'의 정착은 육조 양대까지의 시문을 모은 사화집(詞華集) 『문선(文選)』 속 작품에서도 엿볼 수 있다.

예를 들면 후한 시대 장형(張衡)이 지은 「서경부(西京賦)」에 상림원(上林苑)의 광대함을 노래하며 곤명지(昆明池)에 대해 다음과 같이 적고 있다.

해와 달이 여기에서 나고 드니
부상과 몽사(濛汜)의 형상이로다

태양이 들고 날 정도의 크기라는 것으로, '부상'과 '몽사'(태양이 지는 곳)가 그곳에 있는 듯하다고 한다. 이선(李善)은 "연못의 광대함을 말하며 일월이 그 연못 속으로 들고 난다는 것이다. 회남자에 해는 양곡에서 나와 부상에서 솟는다 했고, 초사에 양곡에서 나와 몽사로 들어간다고 했다고 한 대로이다"라고 주를 달았다.

장형이 지은 「동경부(東京賦)」에도 해가 나오기를 기다리는 것을 "하늘빛이 부상에 오르기를 기다린다"고 노래한다. '부상'은 『회남자』를 근거로 삼을 수 있다고 이선이 주를 달았다. 또한 세계의 끝을 시야에 두는 것을 "왼편으로 양곡을 바라보고, 오른편으로 현포(玄圃)를 바라본다"고 한다. '현포'는 곤륜산 위에 있는 신선이 거하는 곳이다. 이와 대비해 '양곡'은 세계의 동쪽 끝을 나타내는 것이다.

동쪽 끝의 땅 '일역'

'양곡'과 '부상'은 해가 돋는 동쪽 끝을 말하며, 세상의 광대함을 나타낸다. 그것은 해와 관련된 말인 '일역(日域)'이나 '일하(日下)'와 마찬가지다.

모두 동이의 끝을 뜻하는 말이다. '일역'이 사용된 가장 이른 예로 한대 양웅(揚雄)이 지은 「장양부(長楊賦)」(『한서』, 『문선』)가 있다. 천자의 덕이 두루 미치는 것을 다음과 같이 표현한다.

서쪽으로는 월굴(月𧮫)을 가리고
동쪽으로는 일역을 흔든다

'월굴'에 대해 복건(服虔)이 '달이 태어나는 곳이다'라 주를 달았다. '일역'에 대해 안사고가 '해가 처음 돋는 곳이다', 이선이 '해가 나오는 곳이다', 유양(劉良)이 '해가 나오는 곳, 동쪽에 있다'고 주를 단 것처럼 세계의 동서 끝에 관한 표현 가운데 '일역'이 있다.

또 육조 송대의 포조(鮑照)가 지은 「무학부(舞鶴賦)」(『문선』)에 '일역'이 나온다.

> 봉호(蓬壺)를 가리켜 날개를 펼치며
> 곤랑(崑閬)을 바라보며 울음소리를 낸다
> 일역 끝까지 두루 다니고
> 천보(天步) 끝까지 높이 날아오른다
> 신선이 사는 곳을 밟은 지 이미 옛일이고
> 참으로 오래도록 영사(靈祠)를 쌓았다

'봉호'와 '곤랑'은 신선이 사는 산이며, '일역'과 '천보'는 날아오르는 세계의 광대함을 말한다.[49] '신선이 사는 곳을 밟다' 운운하는 것은 일거에 천 리를 비상하며 천 년의 세월을 산다고 학을 칭송하는 것이다.

이러한 '일역'은 이선의 주에서 말하듯이 앞서 「장양부」에 나온 "동쪽으로는 일역을 흔든다"를 기반으로 한 표현이라 볼 수 있다.

---

49 '일역(日域)'과 '천보(天步)'는 더없이 먼 곳을 뜻한다고 유량(劉良)의 주가 달려 있다.

'일역'과 '부상'

'일역'과 '부상'이 결부되는 것은 당연하다. 초당의 노조린(盧照鄰)이 지은 「병리수부(病梨樹賦)」(673)에 다음과 같이 쓰여 있다.

> 천상(天象)은 평평하게 운행하며
> 방지(方祗)는 넓고 바르다
> 방계(芳桂)는 월륜(月輪)에 돌출되어 있으며
> 부상은 일역에 가로놓여 있다

'천상'·'방계'·'월륜'과 '방지'·'부상'·'일역'이 하늘과 땅을 대치시키며 짝을 이룬다. 하늘의 운행은 순조롭고 그 아래에 땅이 펼쳐진다. 계수나무는 달 속에 우뚝 솟아 있고, 부상나무는 일역에 넓게 뻗어 있다는 것이다.

'일역'은 '부상'이 있는 땅으로, 『회남자』·『산해경』의 세계상과 결부해 의미를 갖는다. 말하자면 세계를 나타내는 표현이다. 본래 특정한 땅을 가리키는 것은 아니지만 문맥과 장면 속에서 구체성을 갖는 경우가 있다.

예를 들면 『송서(宋書)』 「악지(樂志)」에 실린 전현(傳玄)의 「진고취가곡 22편(晉鼓吹歌曲二十二編)」 중 「요동을 정벌하다(征遼東)」가 있다.

요동을 정벌하여 적은 의지할 데를 잃었다

위령(威靈)은 일역에 이르고 연(淵)은 이미 목을 바쳤다

적의 무리는 간담이 서늘해져 모두 두려움에 떨었다

공손연(公孫淵)을 토벌하여 기세가 '일역'에 이르렀다는 것이므로,[50] 당연히 구체적으로는 공손씨의 땅인 요동반도를 가리킨다.

또 『한림학사집(翰林學士集)』[51]에 당 태종의 고구려 정벌에 관한 시 「춘일망해시(春日望海詩)」와 이와 관련된 일련의 「응조(應詔)」 시에서는 '부상'과 '일역'이 구체적으로 고구려를 가리킨다. 거기에는 같은 의미를 나타내는 표현으로 '청구(青丘)'도 있다.

'청구'

'청구(青丘)'에 대해서는 『산해경』 「해외동경」과 「대황동경」에 꼬리가 아홉 개 달린 여우가 있는 곳으로 나온다. 「해외동경」에 '탕곡'과 '부상'의 기사가 실려 있는 것은 앞에서 살펴본 대로이다.

『회남자』 권5 「시칙훈(時則訓)」에 다음과 같이 쓰여 있다.

50 위나라에 의한 공손씨 평정은 238년이다.
51 초당 시를 모은 것. 현전하지는 않으나 잔권(殘卷)이 일본에 남아 있다.

동방의 끝은 갈석산(碣石山)에서 조선을 지나 대인국(大人國)을 관통해 동쪽으로 해가 돋는 땅, 부목(榑木)의 땅, 청토수목(靑土樹木)의 들에 이르기까지 태호(太皥)·구망(句芒)이 다스리는 곳으로 일만이천 리이다.

갈석산 너머 동이의 땅은 그 끝까지 '태호'(복희, 즉 목덕제), '구망'(나무의 신)이 다스리는 곳이라고 한다.

동쪽 끝을 말하는 데 '해가 돋는 땅, 부목의 땅, 청토수목의 들에 이르기까지'라고 한다. '부목'은 부상을 가리킨다. '청토'는 왕인지(王引之)가 『회남홍렬집해(淮南鴻烈集解)』에서 말하듯 '청구(靑邱)'라 해야 한다. 세계의 동쪽 끝, 해가 나오는 땅을 말하는 것이다. 이처럼 '청구'는 '부상', '일역'과 연동한다.

그것은 앞서 언급한 『한림학사집』의 「춘일망해시」와 일련의 「응조」시 중 상관의(上官儀)가 지은 첫 구 "청구는 일역에 가로놓여 있다"라 하여 구체적으로 고구려를 가리키는 것에서도 확인할 수 있다.

'일하'

한대의 자전 『이아(爾雅)』 「석지(釋地)」편에 나오는 '일하(日下)'도 생각난다. 진대의 곽박이 단 주를 보면 다음과 같다. 〔 〕 안이 곽박의 주이다.

> 고죽(觚竹), 북호(北戶), 서왕모(西王母), 일하(日下), 이를 사황(四
> 荒)이라 한다.〔고죽은 북쪽에 있다. 북호는 남쪽에 있다. 서왕모는
> 서쪽에 있다. 일하는 동쪽에 있다. 모두 사방 혼황(昏荒)의 나라로
> 사방 끝에 머문다고 한다.〕

'일하'는 동쪽 끝에 머무는 것으로 풀이된다. 해가 솟는 부상나무
가 있는 땅으로 해 아래를 가리킨다고 생각되는데, 이 의미와 합치
하는 예를 지금은 들 수 없다. 오히려 '일하의 순명학(荀鳴鶴)'[52]처럼
천하를 의미하는 편이 일반적이라 여겨진다.

그러나 곽박의 주에서 말하는 '일하'가 있었다면, '일역'과 나란히
쓰이는 것을 이해할 수 있다.

동이의 해 뜨는 땅 '일본'

위와 같이 생각하면 고대 중국의 세계관에서 동이의 세계, 동쪽
끝 해가 돋는 땅을 가리키는 말로 '일역'·'일하'와 더불어 '일본'이 있

---

52 천자가 총애하는 순명학이라고 이름을 댄 것이다. 『세설신어(世說新語)』「배조(排調)」편에
    보인다.

었다고 생각하는 것도 충분히 납득할 수 있다.

'본(本)'은 원래 나무뿌리를 가리킨다. "태양은 부상에서 솟는다. 즉 이 땅은 자연히 일하이다. 고로 이름하여 일본이라 한다"라고 『일본서기찬소(日本書紀纂疏)』[53]가 '부상'과 관련지어 풀이한 대로, '일본'은 해가 솟는 나무 '부상' 아래에 있는 땅이라고 해석된다. 그것은 중화적 세계상 속에 별 문제없이 받아들여진다. 『구당서』가 "일변(日邊), 해 뜨는 저편에 있음을 이유로 일본으로 명명한다"고 한 것은 그러한 수용 방식을 나타낸 것이라 할 수 있다.

요컨대 중화적 세계상이 '일본'의 기반이다. 중국 왕조 측에서 보면 아무런 지장 없이 허용할 수 있는 것이다. 신구 『당서』는 그러한 '일본'을 수용하는 방식을 보여주었다. '일본'이라는 명칭이 일본 측에서 주장된 것이라 해도 받아들일 수 있는 것이었다.

덧붙이자면 측천무후의 시대는 국호를 '당'에서 '주'로 바꾸고 측천문자를 제정하는 등 모든 것에 변혁을 꾀했던 시대였다. '일본'으로 변경하기에 절호의 기회였다. 또 '왜'라는 외자보다 백제와 신라처럼 주변 왕조를 두 글자로 칭하듯이 두 자로 된 왕조명인 '일본'이 질서에 맞고 안정적이다. 변경을 허용한 데는 이러한 점들도 반영되었으리라.

---

53 15세기 중반 무로마치 시대 성립. 이치조 가네요시(一條兼良) 지음.

'일본'의 선택과 가치화

이제 '일본천황'으로 제도화된 '일본'을 살펴보자. 그것은 중국의 세계상에서 가능했던 것을 수용한 혹은 선택한 것이라 해야 한다.

그러나 단순히 중화적 세계상에서 탄생한 '일본'을 받아들이고 그에 따라 '왜'를 바꾸는 데 성공했다는 지적만으로 끝날 문제는 아니다.

주목해야 할 점은 동이의 끝이라는 것이 아니라 자신들의 입장에서 가치를 부여하고 새로 의미를 부여한 것이다. 그 가치화는 『일본서기』가 한반도와의 제국적 관계를 담보하는 것으로서 '일본'의 의미를 규정하고 '일본'의 내실을 만들어낸 것이었다. 다시 한 번 제2장을 상기하라.[54]

---

54 신출 자료로 「예군묘지(禰軍墓誌)」가 있다. 이에 관해서는 보론을 참조하기 바란다.

제 **4** 장

『일본서기』 강서 속 '일본'

1. 『일본서기』 강서와 「일본서기사기」
2. 강서 속 '일본'론
3. '해 뜨는 곳의 천자'

앞에서 살펴본 대로 '일본'은 다이호 율령의 공표로 정해졌고 당의 승인도 얻었다. 중국의 세계상 속에서 탄생한 것이다. 헤이안 시대의 『일본서기』 강서에서도 그 점을 인식하면서 '일본'을 문제 삼았다. 과연 그들은 어떻게 납득했을까. 헤이안 시대 사람들이 이해한 '일본'을 살펴보자.

1.『일본서기』 강서와 「일본서기사기」

여섯 차례의 강서

헤이안 시대에는 조정이 주최하는 『일본서기』 강독(講讀)이 수차례 열렸다.[55] 9세기 초에서 10세기 중반까지 여섯 번에 걸쳐 실시되었는데, 강서에서 『일본서기』 서명과 관련된 '일본'에 대한 논의가 이루어졌다. 거기서 헤이안 시대의 '일본' 인식을 볼 수 있다.

지금까지 몇 번이나 언급했듯이 그것은 「일본서기사기」(이하 「사

---

55 사료에서는 '독일본기(讀日本紀)'라고 한다. 이 책에서는 강서(講書)로 통일한다.

기」로 약칭)를 통해 볼 수 있다. 우선 강서의 역사를 정리해보자. 헤이안 시대에 이루어진 여섯 차례 강서의 개요는 다음과 같다.

· 고닌(弘仁) 3년(812) 6월 개강. 「고닌 사기(弘仁私記)」 서문에 고닌 4년(813)으로 쓰여 있는데, 이 해에 강서가 종료된 것일까. 박사는 오노 히토나가(多人長).

· 조와(承和) 10년(834) 6월 개강. 이듬해 6월 종료. 박사는 스가노노 다카토시(管野高年).

· 간교(元慶) 2년(878) 2월 개강. 5년 6월 종강. 6년 8월 경연(竟宴). 박사는 요시부치노 지카나리(善淵愛成)

· 엔기(延喜) 4년(904) 8월 개강. 6년 10월 종강. 같은 해 윤달 12월에 경연. 박사는 후지와라노 하루미(藤原春海), 상복은 야타베노 긴모치.

· 조헤이(承平) 6년(936) 12월 개강. 덴교(天慶) 6년(943) 9월 종강. 후지와라노 스미토모(藤原純友) · 다이라노 마사카도(平將門)의 난으로 인해 일시 중지, 연기되었다. 같은 해 12월 경연. 박사는 야타베노 긴모치.

· 고호(康保) 2년(965) 8월 개강. 종강은 확인되지 않음. 박사는 다치바나노 나카토(橘仲遠).

처음에는 1년 안에 끝나던 것이 간교 강서부터는 양상이 꽤 달라졌음을 알 수 있다. 일시 중단이 있었으나 3년 남짓한 시간을 들여 종강했다. 이때부터 종강을 축하하는 연회인 경연(竟宴)이 열렸다. 경연에서는 신과 인물을 주제로 하여 축하의 와카(和歌)를 읊었다. 이를 모은 텍스트 『일본기 경연 와카(日本紀竟宴和歌)』가 있다.[56]

강서는 『일본서기』 본문을 훈독한 뒤 박사가 강석하는 방식으로 진행되었다. 그때의 강의록이 「사기」이다. 각각의 강서에는 「사기」 형식의 글이 있었을 텐데 현재 완전한 형태로 남아 있는 것은 없다. 다행히 서명과 관련해 '일본'을 논의하는 부분은 여러 서적에 인용된 것이 있어 상당히 체계적으로 흔적을 찾을 수 있다. 그에 관한 정리부터 시작해보자.

현존하는 「사기」는 조헤이 강서 때 작성된 것뿐

현재 「사기」라 불리는 텍스트는 네 종류가 있다. 구별을 위해 갑본, 을본, 병본, 정본으로 이름 붙였다.

갑본은 「고닌 사기」 서문을 권두로, 전권에 걸쳐 『일본서기』의 어구를 추출해 가타카나로 읽는 법을 단 체제이다. 가타카나로 훈을

---

56   간교 6년 경연의 와카 2수, 엔기 6년 경연의 와카 40수, 덴교 6년 경연의 와카 41수가 수록되어 있다.

다는 방식은 고닌 시대의 것이라고는 도저히 보기 어렵다. 또한 어구의 표기도 『일본서기』와는 다르거나 심지어 없는 어구가 있기도 하다. 이는 원래의 『일본서기』에는 없는 개변된 텍스트(재편본)에 의한 것이라 생각된다. 「사기」 서문이 붙어 있어 「사기」로 불렸으나 「사기」라고는 인정할 수 없다.

그러나 서문은 「고닌 사기」의 서문으로 봐도 무방하며, 거기에 달린 할주(割注)에는 고닌의 강서가 반영되어 있다고 생각된다. 예를 들어 "무릇 일본서기는"이라는 첫머리에 '일본'에 관한 상당히 긴 주가 있는데, 이는 고닌 강서의 설로 볼 수 있다.

을본과 병본은 내용상 연결되어 있다. 을본은 신대 상하권부터, 병본은 진무 천황부터 오진 천황에 이르는 권에서 어구와 그 훈을 추출했다. 훈은 만요가나(萬葉假名)로 적혀 있다. 말하자면 화훈집(和訓集)을 단 것이다. 헤이안 시대 훈을 집성한 것이라 할 수 있는데, 이도 강서에서 만들어진 「사기」라 할 수 없다.

정본만이 유일하게 원래의 「사기」로 볼 수 있다. 헤이안 시대 『고킨와카슈(古今和歌集)』의 주석이나 『석일본기』 등에 인용된 「사기」의 체제를 보면 문답체이다. 정본도 문답체이다. 또한 『석일본기』에 인용된 「사기」에도 정본의 문구라 여겨지는 것이 있다. 언제 실시된 강서를 기록한 것인가에 대해서는 논의에 등장하는 인물로 추정할 수 있는데, 조헤이 강서 때 작성된 「사기」라 생각된다.

정본은 서명에 관해 논의하는 부분 도중부터 오노고로 섬 관련 부분까지 매우 부분적으로만 남아 있다. 정본 외에 강서 당시의 「사기」는 현존하는 것이 않다. 다만 「사기」의 흔적을 추정해볼 수 있는 방법이 없지는 않다. 『석일본기』는 「사기」를 부분적으로 인용하여 성립한 것이므로, 이를 근거로 살펴볼 수 있다.

『석일본기』에 인용된 조헤이 강서 「사기」

조헤이 강서 「사기」(정본)는 『석일본기』에 인용된 내용으로 보완해서 볼 수 있다. 『석일본기』와 정본이라 불리는 조헤이 강서 시의 「사기」를 대조해보면 동일한 기사가 있다. 일례를 들어보자.

· 정본(丁本)

問. 倭國之中有南北二倭. 其意如何.

師說. 延喜說云. 北倭可爲此國. 南倭女國. 云云. 此說已无證據. 未爲全得. 又南北二倭者是本朝南北之邊州也. 无可指別由.

· 『석일본기』 권1 개제(開題)

問. 倭國之中有南北二倭. 其意如何.

答. 師說. 延喜說云. 北倭可爲此國. 南倭女國. 云云. 此說已無證據. 未爲全得. 又南北二倭者是本朝南北之邊州也. 無指別由.

문제의 성격상 원문을 대조·비교했다. 테두리 표시된 두 글자가 다르지만 거의 동일한 문장이다. 이 문답은 '남북이왜(南北二倭)'를 문제 삼고 있다. 질문은 "왜국 중에 남북 두 왜가 있다 함은 무슨 말인가"이다. 박사가 "엔기 강서의 설에서는 북왜는 이 나라를 가리키며 남왜는 여왕국을 가리킨다고 한다. 그러나 이 설은 전혀 증거가 없어 납득할 수 없다. 남북이왜란 우리나라가 남북으로 길게 뻗어 있는 것을 가리킨다. 다른 뜻일 리 없다"고 답한다.

　남왜·북왜란 실은 『산해경』을 오독한 데서 나온 것 같다. 앞에서 본 『산해경』「해외북경」'왜' 기사의 원문을 보면 "개국은 거연의 남쪽, 왜의 북쪽에 있다. 왜는 연에 속한다(蓋國在鉅燕南倭北倭屬燕)"라고 되어 있다. 이를 '남왜북왜(南倭北倭)'가 이어지는 것으로 잘못 읽은 데서 발생한 것 같다. 엔기 강서의 혼란도 같은 이유일 것이다.

　『석일본기』는 무엇을 보고 인용했는지 명시하지 않았지만, 비교해보면 조헤이 강서 때의 「사기」를 사용하고 있음이 확실하다. 『석일본기』에 인용된 것과 정본과는 동일한 것으로 인정되나, 다른 부분이 있는 경우도 적지 않다. 『석일본기』는 인용 시 가필하거나 하지 않으므로 『석일본기』가 사용한 것은 조헤이 강서 때의 「사기」가 맞지만, 정본과는 다른 이본(異本)의 정본으로 봐야 한다. 검토하면 그 이본은 정본이 전래되는 과정에서 변형된 것이라 여겨진다. 예를 들면 「신대 상(神代上)」이라는 표제에 대해 정본은 다음과 같이 서술한다.

묻기를, 다만 신대라 하지 않고 상하로 구별하는 까닭은 무엇인가.
스승이 설한다. 주역(周易)에 상경(上經), 하경(下經)이 있다. 상서
(尙書)에 반강(盤康) 상하, 태서(泰誓) 상하편이 있다. 이러한 예를
따른다고 해야 한다.

이에 대응하는 『석일본기』의 기사(역시 출전을 밝히지 않았다)는 다
음과 같이 서술한다.

묻기를, 신대 상하권으로 나뉘는 까닭은 무엇인가.
답하기를, 스승이 설하기를 <u>제1권은 천신칠대(天神七代)에 대한 것
이다. 고로 신대 상이라 한다. 제2권은 지신오대(地神五代)에 대한
것이다. 고로 신대 하라 한다.</u> 주역에 상경, 하경이 있다. 상서에 반
강 상하, 태서 상하편 등이 있다. 이러한 예를 따른다고 해야 할까.

밑줄 부분을 보면 『석일본기』는 '천신칠대'와 '지신오대'를 말하며
상하권의 의미를 부여한다. '천신칠대'와 '지신오대'는 『일본서기』에
나오지 않는다. 구니노토코타치 신부터 이자나기 신과 이자나미 신
까지를 '천신칠대', 아마테라스 신부터 후키아에즈 신까지를 '지신오

대'라 함은 중세 텍스트에 흔히 보이는 해석이다. 중세적인 의미 부여이다. 본래 강서의 논이 아니라 변형된 것으로 보인다.[57]

이본정본(異本丁本)이라 했는데, 본래는 조헤이 강서 때의 「사기」이다. 게다가 『석일본기』의 인용 방식을 보면 권1 「개제」, 즉 서명과 성립 등을 논하는 총론부에서 정본과 대응하는 것은 모두 「사기」라 밝히지도 않는다. 물론 「고닌 사기」 서문, 「엔기 긴모치 사기」 등 출전을 명시하는 경우도 있다.

어째서 출전 표시가 없는 것일까. 「개제」부에서는 이본정본이 토대였기 때문이라고 하면 이해가 된다. 「개제」부는 이본정본에 다른 자료를 끼워 넣은 식으로 구성했는데, 그 삽입한 자료에 한해서만 출처를 명시했다고 봐야 한다. 그렇다면 역으로 「개제」부에서 무엇에 의거했는지 밝히지 않은 기사는 이본정본이라고 추정할 수 있다.

앞에서 기술한 바와 같이 정본은 서명에 관한 논의 중간부터 남아 있다. 물론 변형된 점에 대해서는 유의해야 한다. 그렇지만 이러한 이본정본으로 생각되는 부분에 의거해 그 앞부분도 보완할 수 있고, 조헤이 강서에 대해서도 추정할 수 있다.

---

57 이에 대해서는 '동해희씨국(東海姬氏國)'을 다루며 후술하겠다. 이 책 제7장 제2절 참조.

엔기 강서 「사기」

엔기 강서 때의 「사기」에 관해 『석일본기』 「개제」, 고안 본(弘安本)[58] 『일본서기』 주기(注記)에 「엔기 일본기 강기(延喜日本紀講記)」[59]의 인용이 있다. 그 가운데 '일본'에 관한 문답이 있다. 또한 『어경등사(御鏡等事)』(第三末)[60]에 인용된 「엔기 4년 강일본기 박사 하루미 기(延喜四年講日本紀博士春海記)」가 있다.[61] 이 또한 '일본'에 관한 발언이며 「엔기 일본기 강기」를 보완하는 것이다.

「긴모치 사기」

간교 강서 때의 「사기」를 다루기에 앞서, 다소 번거롭지만 「긴모치 사기(公望私記)」에 관한 문제부터 짚지 않으면 안 된다. 야타베노 긴모치는 앞에서 설명한 바와 같이 엔기 강서 때는 상복을, 조헤이 강서 때는 박사를 역임했다. 『석일본기』 등에 「긴모치 사기」라 명시되어 있는 것은 이 사람의 강의록이다. 「엔기 긴모치 사기」라 불리는 경우도 있다. 그것은 단순히 강서의 「사기」라는 성격에 그치지 않는다.

---

58 가네카타 본(兼方本)이라고도 한다.
59 고안 본 주기. 『석일본기』에서는 「엔기 강기(延喜講記)」, 「엔기 개제기(延喜開題記)」라 한다.
60 이와시미즈 하치만 궁(石淸水八幡宮) 소장.
61 가나자와 히데유키가 보고한 자료이다. 金澤英之, 「石淸水八幡宮『御鏡等事第三』所引日本紀私記について」, 『上代文學』 80, 1998.

그것은 우선 「사기」를 인용하고, 그에 대해 긴모치가 비판을 가하는 형식이었던 것으로 보인다. 예를 들면『석일본기』의 '구니노토코타치 신' 항목은 이러하다.

> 긴모치 사기에 이르기를,[62]… 묻기를, 고사기에 의하면 구니노토코타치 신 이전에 다섯 신이 있었다고 한다. 일본서기에는 이것이 보이지 않는데 어떠한가. 답하기를, 일본서기에 없는 이유는 상세하지 않다. 긴모치 사기에 이르기를, 고사기에는 다섯 신에 달린 주에 이 다섯 신은 별천신(別天神)이라고 한다. 즉 고사기는 무릇 태초에 천지가 열린 후에 나타난 신을 구별하는 것이다. 고로 고천원(高天原)에 있는 신이라 하더라도 이를 실었다. 그런데 일본서기는 태초에 지상의 신이 단독으로 지하를 다스린다고 되어 있다. 고천원의 천신을 다루지 않는 것이다. 그런데 앞에서 스승이 전하지 않았다. 누락된 것일까.

이 문답 앞에 몇 개의 문답이 더 있었다. 선행하는 문답은 "고사기는 구니노토코타치 신 이전에 다섯 신이 보이는데,[63] 『일본서기』에 보이지 않는 것은 어째서인가"라는 질문에 "그 이유는 미상이다"라

---

62 '긴모치'에는 삭제하듯 줄이 그어져 있다.
63 아메노미나카누시, 다카미무스히, 간무스히, 우마시아시카비히코지, 아메노토코타치 다섯 신을 가리킨다.

답한 것이다.

「긴모치 사기」는 박사의 대답을 비판한 것이다. "『고사기』에서는 다섯 신을 별천신이라 하므로 천지가 나뉜 후에 나타난 신을 구별하는 것이다. 그러므로 천상 세계인 고천원에 머무르는 신임에도 불구하고 실려 있다. 그러나 『일본서기』는 지상의 신이 땅을 다스리는 것만 말한다. 따라서 고천원에 있는 천신의 존재는 기술하지 않는다. 하지만 그 점을 스승은 언급하지 않았다. 이는 누락된 것일까"라고 한다.

문답 자체는 『고사기』와 『일본서기』에 처음으로 나오는 신의 차이에 관한 것이다. 구니노토코타치 신이 등장하는 점은 같지만, 『일본서기』에는 이 신이 최초의 신인 반면에 『고사기』에는 이 신 이전에 다섯 신이 등장하는 점을 문제 삼는다. 동일한 이야기인데 어찌해 차이가 생겼는가, 라는 의문이다. 여기에서 『고사기』와 『일본서기』를 일체로 보는 태도를 엿볼 수 있다. 다른 부분의 기술도 그러하다. 『일본서기』를 해석하고 그 훈을 다는 데 『고사기』를 끌어오는 것이 강서의 방식이었으리라 추정된다.

「긴모치 사기」에 의거하면 앞의 문답(「사기」)과 이어지는 것으로, 이 부분만 떼어내 보면 의미가 통하지 않는다. 즉 본래의 「사기」가 있고, 그것에 긴모치가 주기를 단 형태의 텍스트로 파악해야 한다. 그렇게 보면 이 항목에서 인용 시 처음에는 "긴모치 사기에 말하기를"이라면서 '긴모치'라는 이름을 지우는 것도 납득할 수 있다.

또 겐겐 본(乾元本)[64] 『일본서기』 주기에 「긴모치 사기」라 쓰여 있는 것을 『석일본기』가 단지 「사기」라며 인용하는 것, 또 12세기 말의 가학서(歌學書) 『수중초(袖中抄)』에 "일본기 긴모치 주"라 쓰여 있는 것을 『석일본기』가 단지 「사기」라 인용하는 것도 이해할 수 있다.

요컨대 어느 시기에 행해진 강서의 「사기」에 긴모치가 주기를 달았고, 전체가 「긴모치 사기」로 불리게 되었다. 『석일본기』는 그 본래의 「사기」와 긴모치가 주기를 단 것을 구별하여 본래의 「사기」를 인용할 때는 그저 「사기」라 표시한 것이다.

긴모치의 이름이 달려 있고 "긴모치가 생각건대"라는 말도 보이므로 긴모치가 작성했다고 인정할 수 있다. 긴모치는 무엇 때문에 이러한 텍스트를 만들었을까. 어느 시대에 열린 강서의 「사기」에 주기를 단 것일까. 「엔기 긴모치 사기」란 엔기 연간에 열린 강서에서 그가 상복이었던 점과 연관된다고 당연히 예상할 수 있지만, 엔기의 강서와는 어떻게 연관될까. 긴모치가 의거한 것이 간교 강서의 「사기」였다는 점에서 그러한 의문은 풀린다.

---

64 가네나쓰 본(兼夏本)이라고도 한다.

간교 강서의 「사기」

긴모치가 엔기의 강서에 즈음하여 간교 연간에 열린 강서의 「사기」에 주기를 단 것이 「긴모치 사기」였다. 이 점은 일찍이 오타 쇼지로가 지적한 바이다.[65] 긴모치가 주기를 단 「사기」에는 "치부경 아리와라노 아손(治部卿在原朝臣)"이라 쓰여 있는 것이 있다.[66] '치부경'은 아리와라노 유키히라(在原行平)로 비정되는데, 관직에 비춰 간교의 강서 때 작성된 「사기」로 보인다.

『석일본기』에 단지 「사기」라고 한 것은 간교 때의 「사기」를 가리키는 경우가 많다. 『석일본기』 전체에서 높은 비중을 차지한다. 주의할 점은 「간교 사기」의 편자가 야타베노 나자네(矢田部名實)인 사실이다. "어리석은 나자네가 생각건대"라거나 "나자네가 아룁니다" 등의 구절이 편자를 나타낸다. 간교에 열린 종강 경연의 참가자 중에 그 이름이 보인다.[67] 이 사람이 야타베노 긴모치와 가까운 사이였음은 쉽게 추측할 수 있다.[68] 그가 엮은 「사기」가 긴모치에게 전해져 「긴모치 사기」가 성립되었다. 긴모치는 엔기 강서 때의 상복으로 그 역할을 다하기 위해 나자네가 엮은 간교의 「사기」를 바탕으로 거기

65　太田晶二郎,「上代於日本書紀講究」,『太田晶二郎著作集』3, 吉川弘文館, 1992(1939).
66　『수중초』에 의한다.
67　『서궁기(西宮記)』, 尊經閣文庫藏本裏書.
68　오타 쇼지로는 두 사람이 부자지간이었을지도 모른다고 추정한다.

에 주기를 달았다.

강서와 「사기」

지금까지의 내용을 정리하면 다음과 같다.

고닌 연간에 열린 강서의 「사기」는 현전하지 않지만, 「고닌 사기」 서문으로 전해진 것(「사기」 갑본)에 의해 '일본'에 관한 논의를 엿볼 수 있다. 조와 연간의 「사기」는 간교의 「사기」에 언급되는 경우가 있지만, 극히 부분적이며 '일본'에 관한 논의는 볼 만한 것이 없다.

간교의 「사기」는 『석일본기』의 「긴모치 사기」에 이어지는 것이라든지, "어리석은 나자네가 생각건대" 같은 구절로 보아 당시 강서 시의 것이 확실하다. 그 외에도 『석일본기』의 많은 부분이 이에 의한다. '일본'에 관해서는 조헤이 강서 때와는 다른 긴모치의 견해를 비롯해 중요한 부분을 볼 수 있다.

엔기 연간의 강서에 대해서는 여러 문헌에 인용하는 「엔기 강기」와 「박사 하루미 기」에 의해 '일본'에 관한 논의를 파악할 수 있다. 또 조헤이 강서 때의 「사기」(정본 및 『석일본기』에 인용된 것)에도 그 이전 강서에 해당하는 엔기의 설을 언급하는 경우가 있어 일부 보완을 할 수 있다.

조헤이 강서는 정본 및 『석일본기』에 인용된 부분에 의해 '일본'을 포함해 「개제」부의 대략적인 전체상을 재현할 수 있다.

2. 강서 속 '일본'론

「개제」부의 전체상: 조헤이 강서

조헤이 연간에 열린 강서에 의거해 살펴보자. 강서는 '일본서기'라는 서명부터 풀이한다. 여기에서 '일본'에 관한 설명이 이루어지는데, 그 첫 부분은 어떠한가.[69] 정본(丁本) 및 『석일본기』에서 인용하는 이본정본(異本丁本)에 의해 조헤이 강서의 대략적인 전체상을 구성할 수 있다.

논의를 정리하면 다음과 같았으리라 생각한다. (1)~(4)는 재구성한 것이다. (5)의 중반 이후는 현전한다.

(1) 서명 전체

'일본서(日本書)'나 '일본기(日本紀)'가 아니라 '일본서기'라 한 것에 대해.

---

69 『석일본기』에 따르면 「개제(開題)」부이다.

(2) '일본'

(3) '왜(倭)'·'대왜(大倭)'

'일본'이 본래 '왜'였다는 것에 대해.

(4) '왜노(倭奴)'

본래 '왜노'였다는 것에 대해.

(5) '왜면국(倭面國)', '남북이왜(南北二倭)' 등

'일본'·'대왜'·'왜노' 세 가지 외에 중국 측의 호칭에 대해.

(6) '서기(書紀)'

'書紀' 두 글자를 '후미'라 읽는 것에 대해.

(7) '권제1'

'開題卷第一'을 '아키노 쓰이데 히토마키니 아타루 마키'라 읽는 것에

대해.

(8) 찬자와 편찬

사서의 시작, 판수 시에 근거한 것에 대해.

(9) '신대 상'

'신대'의 의미와 신대를 상하로 나누는 것에 대해.

요약하건대 "일본서기 권제1 신대 상"이라는 표제를 순서대로 설
명한 것이다.

틀은 각 강서에 공통된다

실질적으로 최후의 강서가 된 조혜이 강서에서 회를 거듭하며 논의가 성숙해졌음을 알 수 있다. 다행스럽게 이를 베이스로 할 수 있었다. 전체를 조감할 수 있는 자료는 달리 없으며 단편적으로 남아 있을 뿐이지만,[70] 대략적으로 말하면 대체적인 틀은 각 강서가 동일했다고 봐도 큰 오류는 없다. 강서가 회를 거듭하는 가운데 새 요소를 더해 정착되어 앞의 (1)~(9)의 형태가 되었다고 해도 좋다.

그리고 문제의 초점인 항목 (2)에 대해, 고닌, 간교, 엔기, 조혜이 연간에 열린 각 강서의 「사기」를 대조해볼 수 있다. '일본'을 설한 것이 많이 인용되었기에 남은 것이다. 이는 관심이 '일본'을 향했기 때문이다. 이하 순서에 따라 '일본'이 어떻게 설명되었는지를 살펴보겠다.

「고닌 사기 서」

「고닌 사기 서」에 다음과 같은 기술이 있다.

> 일본국은 대당에서 동쪽으로 가길 만여 리. 해는 동방에 돋아 부상에서 솟는다. 고로 일본이라 한다.

---

70 비교적 흐름을 잘 살필 수 있는 것은 「엔기 강기」 정도이다.

또 "옛날에는 이를 왜국이라 했다. 다만 왜의 뜻은 아직 명확하지 않다"라는 기술도 있다. 대당으로부터의 거리 '만여 리'라 함은 『후한서』 등에 낙랑군 경계에서 '만이천 리'라 하는 것과 『위지』에 야마태국(邪馬台國)과의 거리를 나타내는 것에 의한다고 보인다. 그리고 그 '일본'의 해석 방법이 중국의 세계상에 의한 것임은 앞서 제3장에서 살펴본 바이다.

「엔기 강기」와 「박사 하루미 기」

고닌 연간의 강서처럼 해석하는 것은 당연히 처음에 중국이 '일본'이라는 호칭을 사용했다는 이해에 의한다. 엔기 연간의 강서에서 그 사실이 명확하게 언급된다.

고안 본 『일본서기』에 주기를 단 「엔기 일본기 강기」에 이러한 기술이 있다.[71]

묻기를, 이 책을 일본서기라 명명한 것은 어째서인가.

풀이하기를, 우리나라를 가리켜 쓰기 위함이라고 한다.

또 묻기를, 어찌하여 왜서라 하지 않고 일본서라 하는가.

---

71 세 개의 문답이 실려 있다. 두 번째 문답까지는 『석일본기』에도 「엔기 강기 발제」라 하여 인용되어 있다.

풀이하기를, 우리나라 땅은 동쪽 끝에 있어 해가 돋는 땅에 가깝다.
또 아름다운 이름을 취한다. 따라서 일본이라 명명한다.

또 묻기를, ▢▢를 고쳐 일본이라 하는 것은 당에 의한 것인가, 그렇
지 않으면 우리나라에 의한 것인가.

풀이하기를, 당에 의한 명명이다.

두 번째 문답에서 동쪽 끝 해 돋는 땅으로서의 '일본'이라 하고, 세
번째 문답에서 '왜'를 개칭한 것은 당에 의한 것이라고 단언한다.[72]
「박사 하루미 기」에는 다음의 기술이 있다.

생각건대, 일본국은 대당 낙랑군에서 동쪽으로 십오만 이천 리. 해는
동방에서 돋아 부상에서 솟는다. 이 나라가 그 땅에 가깝다. 고로 일
본국이라 한다 운운. 또 이 나라는 해를 낳는다 한다. 일본이라 명명
한 까닭이다 운운.

전반은 고닌 연간의 강서과 같은 설이다.[73] 당에서 '일본'이라고 명
명했다는 「강기」와 일치한다. 후반도 당연히 타칭의 입장이라고 봐

---

72 두 글자가 벌레 먹은 자리에 있어 읽을 수 없으나 문맥상 '왜호(倭號)' 또는 '왜명(倭名)'이라
    추정된다.
73 거리를 십오만 이천 리라고 하는 것은 착오라 여겨진다.

야 하는데, '탕곡'(감연)이 의화가 열 개의 태양을 낳은 땅이므로 '해를 낳는다'고 한 것으로 파악된다.[74]

조혜이 강서의 「사기」

정본에는 (2)가 빠져 있으며 『석일본기』에도 인용되어 있지 않다. 인용하지 않은 이유는 후술하겠지만, (2)의 논의 내용이 무엇인지는 대략 추측할 수 있다. 앞서 다룬 내용을 다시 한 번 상기해보자. 제3장에서 진 혜제 때 '일본'이 보인다고 한 정본의 증언에 대해 언급했다. 그때 박사는 "수서 「동이전」의 '해 뜨는 나라의 천황이 삼가 해 지는 나라의 황제에게 아뢴다'는 구절을 생각하면 동이의 해 뜨는 땅에 있기 때문에 '일본'이라 하는 것일까"라 답했다. 이는 고닌과 엔기 강서의 이해와 동일하다. 아니 오히려 분명하게 중국은 '동이'로 보고 있다고 설명하는 것이다.

이 문답은 계속 이어진다. 박사의 대답을 들은 참의 기노 요시미쓰는 확인하듯 이어간다.

참의가 또 묻기를, 왜국은 대당의 동쪽에 있다. 해 뜨는 쪽으로 생각한다 하더라도 지금 이 나라에서 보니 해는 이 땅에서 뜨지 않는다.

---

74 『산해경』. 이 책 제3장 참조.

그런데도 여전히 해 뜨는 나라라 해야 하는가. 또한 일본이라는 두 글자를 야마토라 읽는다. 그 까닭은 무엇인가.

말하고자 하는 바는 이러하다. 당에서 보면 분명히 동쪽 해가 돋는 곳에 있으나, 이 나라에서 보면 해가 나라 안에서 뜨는 것은 아니다. 그런데도 자연스럽게 해 뜨는 나라라 말할 수 있겠는가. 또 '일본' 두 글자를 '야마토'라 읽는데, 그 이유는 무엇인지를 묻는다.

'그런데도 여전히 해 뜨는 나라라 해야 하는가'란 그래서는 안 되지 않느냐는 물음인데, 이에 대해 박사의 답은 아래와 같다.

박사가 답하기를, 몬무 천황의 치세 다이호 2년은 대당의 측천무후 구시(久視) 3년에 해당한다. 이 해에 견당사 아와타노 마히토 등이 대당에 입조했다. 즉 당력에 말하기를 이 해에 일본국이 사신을 보내 헌공했다. 일본은 왜국의 다른 이름이라 했다. 그러므로 당 조정은 해 뜨는 쪽에 있기에 이름하여 일본국이라 한 것이다. 동이의 끝이라는 이유로 이 호칭을 얻은 것인가.

『당력』을 대조하면서 다이호 2년의 견당사가 처음으로 '일본'을 확인할 수 있었던 예라고 한다. 그리고 해 뜨는 쪽에 있기에 당이 '일본'이라 명명했으며, 동이의 끝에 있기 때문에 붙여진 이름이라 한다. 답은 일관적 태도를 견지한다. 자칭일 수 없다는 점을 재차 확인하는 것이다.

'일본'을 자신들의 외부에 두다

앞의 내용을 보면 강서의 주류는 '일본'은 당에서 명명했다고 보는 타칭설이었음을 알 수 있다. '일본'은 자신들의 내부에서 생겨난 것이라고 생각하지 않았다.

그 안에는 어디까지나 중국(당)이 명명했다는 것으로 보는 시각만이 존재한다. 자신들의 내재적 문제로 존재한다는 점에 시선을 돌리려 하지 않는다. 예컨대 『일본서기』에 의거해 '일본'의 의의를 규명하지 않는다. 또한 제5장에서 다루겠지만, 스스로를 표상하는 것으로서 '일본'을 인식하고 그것에 다가가려고 하지 않는다. 오히려 '일본'을 자신들의 외부에 둔다. 그것이 강서의 기저에 흐르는 태도 혹은 인식이었다.

간교 강서의 설: 「긴모치 사기」

다만 필자가 아는 범위에서 단 한번 간교 강서 때 자칭설을 취한 적이 있다. 『석일본기』에 인용된 「긴모치 사기」에 다음과 같은 기술이 있다.

묻기를, 대당은 이 나라를 가리켜 왜라 한다. 지금 일본이라 함은 당이 명명한 것인가 그렇지 않으면 우리나라가 스스로 칭한 것인가.

답하기를, 〔엔기 강기에 말하기를 당에서 명명한 것이다.〕수 문제 치세 중에 중국에 사신으로 간 오노노 이모코(小野妹子)가 왜라는 호칭을 고쳐 일본이라 했다. 그런데 수의 황제가 도리에 어두워 끝내 허락하지 않았다. 당 무덕제(武德帝) 치세에 이르러 비로소 일본이라는 이름을 명명했다.

엔기 긴모치 사기에 이르기를, 수서 「동이전」을 살피건대 왜국은 백제와 신라의 동남쪽, 바다 건너 삼천 리 떨어진 곳에 있다. 대해 가운데 산과 섬으로 이루어져 있다. 삼십여 국 모두 왕이라 칭한다. 그 국경은 동서로는 다섯 달, 남북으로는 석 달을 간 곳에 있다. 지세는 동쪽은 높고 서쪽은 낮다. 야마토를 도읍으로 한다. 즉 위지에서 말하는 야마태(耶馬台)이다. 신라와 백제는 모두 왜를 대국으로 여긴다. 진귀한 것이 많다. 또한 경앙하며 항상 사신을 파견하여 왕래한다. 대업을 이룬지 3년, 그 왕인 다리시히코는 사신을 보내 조공을 바치게 했다. 사자가 이르기를, "바다 서쪽의 보살 태자가 거듭 불법을 일으켰다고 들었다. 그러한 연유로 사신을 보내 조배하도록 했다. 아울러 사문 수십 인이 와서 불법을 익히려 한다." 그 국서에 이르기를, "해 뜨는 곳의 천자가 해 지는 곳의 천자에게 글을 보낸다. 무람하지 않은가…" 천자가 이를 보고 마땅치 않게 여겨 홍로경(鴻臚卿)에게 이르기를, "미개한 동이의 글에 무례함이 있다. 다시 이를 언급치 말라."… 이에 대해 생각건대, 이미 스스로 해 뜨는 곳의 천자라 한다. 대당이 명명한 것은 아니지 않는가.…

다소 긴 문답이다. 질문이 있고 그 답에 대해 긴모치가 비판적으로 주기를 단 형태는 여기서도 마찬가지다.

질문은 '왜'를 '일본'으로 바꾼 것이 당인가(타칭), 일본인가(자칭)이다.

대답에 「엔기 강기」의 인용이 있는데, 엔기 이후의 강서인 조헤이 연간 강서의 인용으로 보인다. 그러나 조헤이 연간의 정본은 앞에서 본 대로 명백하게 타칭설이다. 그러나 「엔기 강기」의 "당에서 명명한 것이다"[75]라는 구절 다음에 이어지는 이 대답에서는 오노노 이모코가 고치려 한 것을 수의 천자가 인정하지 않았고, 당대에 이르러 비로소 '일본'이라 불리게 되었다고 한다. 이 대답의 요지는 자칭설이다. 엔기의 설일 수 없다. 또한 조헤이 연간의 강서라고도 생각할 수 없다.

만약 「엔기 강기」를 인용했다고 인정하면 이는 엔기 이후에 열린

---

75 「엔기 강기」는 이 한 문장뿐이다. '수 문제의' 이하가 그렇지 않음은 앞의 「엔기 강기」에 비춰볼 때 명백하다.

강서, 즉 조혜이 연간에 열린 강서에서 나온 설이라고 해야 한다. 그러나 이는 불가능하다. 문맥을 검토해 봐도 타칭설의 「엔기 강기」와 자칭설을 설하는 답변, 이 상반되는 양자를 위와 같은 형태로 하나의 대답 속에 그대로 나란히 두는 것은 생각하기 어렵다.

앞의 인용에서도 괄호를 붙였지만, 「엔기 강기」의 인용은 참고를 위해 주기처럼 적어 넣은 것이 본문이 되었다고 봐야 한다. 이를 괄호로 묶으면 문답은 명확해지며, 「긴모치 사기」의 의도도 분명해진다.

본래의 답변에는 "수 문제의 치세 중"이라 했다. 긴모치는 이를 비판하며 『수서』와 대조한 후 양제의 '대업 3년', 즉 607년으로 봐야 한다고 했다. 그것은 왜의 국서에 "해 뜨는 곳의 천자"라고 되어 있기 때문이었다. 일본 측이 스스로 그리 말한 것으로, 긴모치는 '해 뜨는 곳'은 '일본' 자칭설의 근거라 한다. 자칭설을 보다 분명하게 하려는 것이다. 조혜이 연간에 열린 강서의 박사였던 입장과는 다르다. 긴모치는 조혜이 이전에는 자칭설을 지지하는 입장에 서 있었다.

「엔기 긴모치 사기」의 바탕이 된 것은 역시 간교 연간의 「사기」이다.[76] 살펴본 바로는 강서 중에서는 이 간교 강서만이 자칭설을 취한다.[77]

---

76   자칭설이므로 엔기도 조혜이도 아니다. 간교 외에는 없다.
77   조와와 고호 연간의 강서는 불분명하다.

긴모치의 입장 전환과 '해 뜨는 곳'

긴모치는 처음에는 자칭설을 취했다. 그러나 조혜이 연간에 열린 강서에서는 타칭설의 입장에 섰다. 180도 바뀐 것이다. 그 전환이 '해 뜨는 곳'에 대한 이해와 관련됨은 살펴본바 그대로이므로 명백하다.

현재도 『수서』에 실려 있는 이 국서의 '해 뜨는 곳'을 '일본'이라는 명칭의 시초로 보는 경향이 있다. 당연히 중국이 명명한 것이 아닌 자칭으로 보는 입장이다. 긴모치의 입장 전환을 좇아가며 '해 뜨는 곳'의 문제를 명확히 밝혀보겠다.

3. '해 뜨는 곳의 천자'

'해 뜨는 곳'

『수서』에 실린 대업 3년 견수사의 국서 중 "해 뜨는 곳의 천자, 해 지는 곳의 천자에게 글을 보낸다. 문제없을 것이다.…"라는 문장은 중국에 대해 대등한 자세에서 나온 것이며, 그로 인해 양제의 화를 샀다는 식으로 이야기되는 것이 보통이다.

이 견수사가 가져간 국서 속 '해 뜨는 곳'은 어떻게 해석해야 할까. 이미 지적되어온 바와 같이 양제의 노여움은 '천자'라 자칭한 데 따른 것이었다. 동쪽 끝에 있는 '미개한' 국왕에 불과한 자가 대등하게 '천자'를 칭하는 일은 허락할 수 없었다.

'해 뜨는 곳'이란 어떠한 의미였는가. 이에 대해서는 도노 하루유키가 지적하듯이, 불경 『대지도론(大智度論)』에 의한 것이다.[78]

---

78 東野治之, 『遣唐史と正倉院』, 岩波書店, 1992.

경전에 설하는 바와 같다면 해 뜨는 곳은 즉 동방, 해 지는 곳은 즉 서방, 해가 가는 곳은 즉 남방, 해가 가지 않는 곳은 즉 북방이다.(『대지도론』 권10)

즉 '해 뜨는 곳' 이하는 동서남북을 다른 식으로 말하는 것이다. 그러므로 국서에서도 '해 지는 곳'이라는 표현과 함께 쓰였다. 수사 이상의 의미는 아니라는 도노의 지적대로이다.

불경에서 나온 표현

다만 불경에 의거한 표현임을 생각하면 불경에는 중화적 세계상과 다른 세계상이 있었음을 알아야 한다.

중화적 세계상이란 앞에서 살펴보았듯, 세계는 중국을 중심으로 성립되었으며 주변에 그 문화의 영향을 받지 않은 미개한 종족이 있다는 것이다. 동쪽에 있으면 '이(夷)'라 불렀고(동이), 왜도 그에 포함되었다. 불경은 그러한 가치관과 동떨어진 세계상을 갖는다. 경전이 설하는 세계는 천축(인도)과 진단(중국)도 같은 첨부주(膽部州) 안에 존재하며, 각각 등가의 세계이다. 그 안에 동방의 '해 뜨는 곳', 서방의 '해 지는 곳'이다.

불경의 표현이 중화적 세계에서 말하는 '동이'와는 다른 것으로 선택되었다고 생각해도 무방하리라. 그러한 점에서 '해 뜨는 곳'과 '일본'은 다른 차원에 있다고 봐야 한다.

긴모치의 타칭설

긴모치의 '해 뜨는 곳'에 대한 이해에 입각하면, 「긴모치 사기」에서는 이 국서의 어구야말로 '일본' 자칭의 근거였다. 그러나 중화적 세계에서의 '일본'에 대해 살펴보면서 그의 생각은 바뀌었다. 그 근거는 진 혜제 때 '일본'이라는 명칭이 보이는 것,[79] 더하여 '일본'이 '해 뜨는'이라는 의미로 이해되는 것이다. 정본에서의 참의 기노 요시미쓰와의 문답에 잘 드러난다.

요시미쓰는 해가 이 땅에서 뜨는 것이 아닌데 스스로 해 뜨는 땅이라 할 수 있겠는가라고 물었다. 스스로 명명하는 말이라고는 생각할 수 없다는 것이다. 그에 대해 긴모치는 해 뜨는 방향에 있기 때문에 당이 그리 부른 것이라고 인정했다. 외부(중국)에서 명명한 것, 즉 동이의 끝이라는 의미로 볼 수밖에 없다는 결론에 다다른 것이다.

긴모치는 스이코 천황 때 견수사의 국서에 나오는 '해 뜨는 곳'이 '일본' 자칭의 근거가 될 수 없음을 확인했기에 타칭설로 전환한 것이다.

79 이 책 제3장 제2절에서 언급한 정본의 증언 참조.

제 5 장

'일본'과
'야마토'

강서의 해석은 동이의 끝이어서 중국 왕조로부터 '일본'이라 명명된 것이며, '일본'이라는 명칭이 부여된 것에 지나지 않는다는 방향으로 귀결되었다.

『일본서기』에서 '일본'은 한반도를 복속시키는 제국으로서 스스로를 표상하는 것이었다.[80] 표면적으로는 그것이 받아들여져 '일본'이라는 명칭이 인정되었다. 그렇지만 강서에서는 제국적인 의의는 문제시되지 않았다. 한반도와의 관계가 공동화(空洞化)한 시점에서 그러한 '일본'은 이미 유효하지 않기 때문이다.

그것은 '일본'이라는 명칭에 '야마토' 왕조의 근거를 구하는 것이 불가능해졌음을 말한다. '일본'은 스스로를 표상하는 것인데, 이 명칭으로는 더 이상 자기정체성을 확인할 수 없게 된 것이다. 그리하여 강서에서는 '일본'이라는 명칭의 근거를 외부에 두고 동이를 칭하는 '일본'으로부터 이탈한다.

80   이 책의 제2장 참조.

문자의 의미에서 벗어나 '야마토'로 향하다

'일본'이라는 이름의 근거를 외부에 두었다면, 정확하게는 외부에 둘 수밖에 없었다면 어디로 향했는가. 단적으로 '일본'에 의하지 않고 그 근원에 있는 고유어 '야마토(ヤマト)'로 향했다.

『석일본기』 권16 「비훈(秘訓)」의 첫머리에는 '일본'의 훈을 둘러싸고 몇 종의 「사기」가 인용되어 있다. 『석일본기』는 본래의 「사기」의 흐름을 해체해 훈에 관한 기사는 별도로 처리한 것 같다. '일본'의 훈에 관한 기사도 본래는 첫머리의 서명에 관한 논의의 일부였다고 보이는데, 다음과 같이 쓰여 있는 것이 있다.[81]

> 묻기를, '일본' 두 글자를 '야마토'라 읽음은 음훈에 따르지 않는다. 만약 글자에 따라 '히노모토'라 읽은 것은 어떠한가.
>
> 답하기를, '히노모토'는 뜻에 가장 부합하는 것이다. 그런데 선학의 설에서 '山跡'이라는 뜻으로 '야마토'라 읽는다. 섣불리 고쳐서는 안된다. 또한 이 책 가운데 '大日本'을 '오호야마토'라는 훈으로 읽는다. 그런즉 음훈과 맞지 않는다 해도 역시 뜻을 생각해 '야마토'라 읽어야한다.

---

81 언제 실시된 강서의 「사기」였는지 확실하지 않지만 간교 강서 때의 것일까.

질문은 '야마토'는 글자의 음이나 뜻을 따른 것이 아니므로, 오히려 글자에 입각해 '히노모토'라 읽는 것은 어떤가이다. 이에 대해 박사는 '일본'이라는 글자의 이해로서는 타당하지만, 그 뜻과는 별개로 '야마토'라는 음에 의해 '山跡(야마토)'라 이해해야 한다는 것이 선학의 설이므로 쉽게 고칠 수 없다고 답했다. 또한 '大日本豊秋津洲(오호야마토 도요아키즈시마)'의 주에 "일본, 이는 야마토라 읽는다"라 쓰여 있으니 음훈을 취하지 않아도 '뜻(心)'을 취하는 것으로 족하다고 답했다.

본질은 글자의 뜻에서 벗어나 '야마토'에 있다는 것이다. 그 '야마토'에서 자기정체성의 근거를 어떻게 구하는지 강서를 따라가 보자.

'야마토'의 뜻: 「고닌 사기 서」, 조와 · 간교의 강서

강서에서는 '왜'와 '일본' 모두 '야마토'로 귀결시킨다. 「고닌 사기 서」에서는 '일본'의 뜻을 풀어 옛날에는 '왜'였지만 그 의미는 불명이라 한 후 다음과 같이 설명한다.

대체로 '야마토(山跡)'라 한다. '山'은 '야마', '跡'은 '토'라 한다. 음은 등호(登戶)의 반절이다. 이하 동일하다. 무릇 천지가 둘로 나뉘어 흙탕물이 아직 마르지 않았다. 이에 산에 살면서 왕래했고, 때문에 밟아 다진 흔적이 많았다. 그래서 '야마토'라 한다.

'대체로'란 '일본'도 '왜'도 '야마토'로 읽는다는 말이다. 글자는 달라도 둘 다 '야마토(山跡)'로 해석해야 한다. 천지가 나뉘어 진흙탕 상태에서 아직 마르지 않았을 때 사람들은 산에 살며 왕래하고 있었으므로 발자국이 많았다는 점에서 '야마토(山·跡)'라고 설명한다.

앞에서 『석일본기』「비훈」의 「사기」에 "선학의 설에서 '山跡'이라는 뜻으로 '야마토'라 읽는다"고 한 선학의 설이 이와 같았음은 분명하다. 그것이 간교 강서의 「사기」라고 하면 고닌의 설을 따른 조와 강서의 '선학의 설'을 간교 강서 시에도 받아들인 셈이 된다.

'야마토' 언설의 발전: 엔기 연간 강서의 설

고닌 이래 야마토를 '山跡'의 뜻으로 읽는 것이 정착했는데, 엔기 연간에 더욱 확립되었다. 고안 본 『일본서기』 주기인 「엔기 일본기 강기」와 『석일본기』에 인용되어 있는 「엔기 개제기」를 대조하여 재현하면 아래와 같다.[82]

A 묻기를, 우리나라를 야마토라 함은 어째서인가.

풀이하기를, 스승의 설에 야마토 국(大倭國)은 천지가 혼돈스러워 아직 거주할 만한 곳이 없었다. 사람들은 산에 살았다. 따라서 야마

---

82 질문 A는 『석일본기』에는 없는데 고안 본 『일본서기』 주기에 의해 보완했다.

토(山戶)라 한다. 이는 산에 머무른다는 뜻이다.

또 혹설에 이르기를, 천지가 개벽 시 흙이 젖어 아직 마르지 않았기에 산에 오르게 되었다. 사람들의 흔적이 현저하니 이에 의해 야마토(山跡)라 한다.

B 묻기를, 여러 나라의 사람들이 모두 산에 살았는가, 그렇지 않으면 단지 야마토 국(大和國) 사람들만이 산에 살았는가.

답하기를, 야마토 국만 그러했다.

C 묻기를, 본국의 호칭은 어찌해 홀로 야마토 국(大和國)을 취하여 국호로 삼았는가.

답하기를, 이와레비코 천황(진무 천황)이 야마토 국에 이르러 천하를 다스리는 왕업을 시작했다. 고로 왕업을 이룬 땅을 국호로 삼았다. 예를 들면 주 성왕(成王)은 주성(周成)에서 왕업을 달성했기에 국호를 주라 칭한 것과 같다.

D 묻기를, 나라의 시조는 최초에 쓰쿠시(筑紫)에 강림했다. 어찌해 야마토 국(倭國)만을 취해 국호로 삼았는가.

답하기를, 주의 후직(后稷)은 태(邰)에 책봉되었고, 공유(公劉)는 빈(豳)으로 옮겼다. 왕업이 싹텄다 해도 무왕에 이르러 주에 거함으로써 비로소 왕업을 정했다. 따라서 주를 취해 나라의 이름으로 삼았다. 우리나라 이름 역시 마찬가지다.

'야마토' 언설의 발전이라 해도 좋을 듯한 문답이다. 그 대의는 다음과 같다. '야마토'는 스승의 설에서는 천지가 처음 열릴 때는 아직 가옥이 없어 산을 거처로 삼았으므로 '山戶'의 의미로 '야마토'라 했다는 것이다. 혹설에서는 천지가 처음 열릴 때는 아직 흙이 마르지 않아 산에 올라가 있었는데 발자국이 현저하므로 '山跡'이라는 뜻으로 '야마토'라 했다고 한다(A). 산에 거처했다는 것에 대해 여러 나라 사람들이 모두 그러했냐 하면 그렇지는 않다. 야마토 국만이 그러했다고 한다(B). 또한 다른 나라가 아닌 야마토 국만의 이름을 취해 국명으로 삼은 것은 어째서인가 하면, 진무 천황이 야마토 국의 왕업을 성취했기 때문이라고 한다(C). 천황의 시조는 쓰쿠시에 강림했는데 그 땅의 이름을 취하지 않고 야마토 국을 취해 국호로 삼은 이유는, 주 왕조가 그 선조들이 거했던 곳이 아니라 무왕이 왕업을 이룬 땅인 주를 국호로 삼은 것과 마찬가지라고 한다(D).

'山跡'설에서 다소 변형되었지만 취지는 동일하다. '야마토'의 어원을 가지고 일개 지방인 야마토 국 이름의 유래를 설명했다. 그리고 그것이 나라 전체를 일컫는 명칭이 되는 과정을 치밀하게 정리했다. 중국의 주 왕조와 마찬가지로 '야마토'는 왕조명인 동시에 국호라는 것이다. '야마토' 왕조로서의 자기정체성 확인이라고 이해할 수 있다.

조헤이 강서의 설

조헤이 강서의 '야마토'를 둘러싼 논의는 정본과 『석일본기』의 인용에서는 확인되지 않는다. 다만 간접적으로 그것이 엔기 강서보다는 고닌 강서의 '山跡'의 뜻에 가까운 것이었음을 짐작할 수 있다. 헤이안 시대 말기의 가학서 『와카 동몽초(和歌童蒙抄)』에 다음과 같이 쓰여 있다.

아시히키(あし引き)에 대해서는 옛날 천지가 나뉘어 진흙탕이 아직 마르지 않았기에 산에 살며 오간 흔적이 많았다. 고로 이 나라 최초의 이름을 야마토라 붙였다. 음은 야마노아토라 한다. 상세한 내용은 일본기문답초(日本紀問答抄)를 보라.

『어경등사(御鏡等事)』(第三末) 「일본기문답(日本紀問答)」에 중국에서 사용한 호칭의 하나인 '희씨국(姬氏國)'에 대해 정본과 같은 기사가 실려 있다. 조헤이 강서의 「사기」가 「일본기문답」으로도 불린 듯한데, 지금 말하는 「일본기문답초」도 동일한 것이라 봐도 무방하다.[83]

앞의 인용문은 「고닌 사기 서」를 가나 문장으로 쓴 것이라 해도 좋을 정도이다. '山跡'의 뜻에 따른 이해라고도 할 수 있을 것이다.

83   이에 대해서는 이 책 제7장 제2절 참조.

세계의 시작에 대한 기억

이상과 같이 각각의 강서에 다소 차이가 있지만, 강서 전체를 통틀어볼 때 자기정체성의 확인을 '야마토'라는 명칭에 구했던 점을 알 수 있었다. 중요한 점은 '야마토'라는 이름이 그들에게 세계의 시작에 관한 기억을 담은 것으로 이야기된다는 것이다.

'山跡'이든 '山戸'이든 모두 소박한 어원설로, 세계의 시작에 관한 기억이라 하면 과장되게 들릴지도 모른다. 그러나 중요한 점은 '야마토'가 세계의 시원을 담은 말이라고 해석했다는 사실이다. 자신들 존재의 확인을 거기에 담았다고 할 수 있다. '야마토'는 그러한 명칭이다. 그것이 강서의 해석이었다.

그 해석이 『일본서기』 텍스트의 이해라고는 할 수 없다. 한반도 여러 나라에 대한 대국적 위치를 담보로 '일본'이라는 명칭을 성립시킨 것이 『일본서기』였는데, 강서는 이와는 다른 식으로 자기 증명을 하려 한 것이었다.

헤이안 시대 강서에 보이는 것은 그러한 '야마토'이다. 그것은 새로운 해석으로서의 '야마토' 언설이라 함이 적절하다. '야마토' 본래의 의미를 찾아냈을 리는 없다. '야마토'는 세계의 이름이므로 납득할 만한 이야기를 갖지 않으면 안 되었다. 앞에서 본 어원과 관련된 이야기가 본래 있었던 것은 아니다. 모토오리 노리나가는 『국호고』에 다음과 같이 적고 있다.

이 나라의 이름에는 옛날부터 각각의 설이 있지만 모두 바람직하지 않다. 한둘 논해보면 우선 일본서기사기에 천지가 나뉘어 흙탕물이 아직 마르지 않았다. 이에 산에 살며 왕래했고, 이로 인해 밟아 다진 흔적이 많았다. 고로 '야마토(山跡)'라 한다. '山'을 '야마', '跡'을 '토' 라 한다. 또한 옛말에 거주하는 곳을 '토'라 하며 산에 거주하기에 '야마토'라 하는 것은, 본래부터 천하의 총칭으로 보는 설이므로 그릇된 것이다. 또한 진흙탕이 아직 마르지 않았다는 설도 모두 예부터 '山跡'이라 쓰여 있는 것에서 미루어 짐작한 망설이다. 진흙탕이 마르지 않았다는 것도, 산에 살았다는 것도 옛 서적에서 본 적이 없다. 일본서기 신대권에 "옛날 나라가 어리고 땅이 어릴 때"라는 대목은 있지만, 이는 나라도 사람도 아직 생기기 전이니 산에 산다고 말할 수 있는 것이 아니다.

그 대의는 다음과 같다. 국명에 관해 예로부터 이러저러한 설이 있지만 모두 맞지 않는다. 「사기」에서 말하는 바는 '야마토'를 애초부터 통칭으로 보기 때문에 오인한 것이다. 또 '진흙탕이 아직 마르지 않았다'는 것도 '山跡'이라는 글자에서 추측한 근거 없는 설이다. 진흙탕이 마르지 않았다는 것도 산에 산다는 것도 옛 서적에는 보이지 않는다. 『일본서기』 신대권에 "옛날 나라가 어리고 땅이 어릴 때"라는 대목은 있지만, 이는 나라도 사람도 아직 생기기 전의 일로, 산에 산다는 등의 말은 어불성설이다.

앞에서 설명한 「고닌 사기 서」를 강서의 대표적 논의라 한 것은 맞는 말이다. 노리나가는 이것을 '미루어 짐작한 망설'이라고 일축한다. 그의 지적대로 근거가 없다. 강서는 '야마토'를 세계의 처음에 관한 기억을 담은 것으로 파악하고자, 신화적 세계의 시작에 관한 이야기에 결부시켜 만들어낸 것이라고 봐야 한다.

내재적 근거 지향

그렇다면 본래의 '야마토'란 무엇인가. '야마토'가 지명으로 현실에 존재했음은 의심할 바 없다. 그러나 그 의미가 무엇이었는지는 모른다고밖에 할 수 없다. 다만 분명한 것은 『일본서기』 텍스트와는 다른 강서의 해석이 새로운 '야마토' 언설을 갱신하고 정착시켰다는 점이다.

더 살펴야 할 것은 외부로부터의 명명은 차치하고, 내부에 존재하는 것으로 자기 증명을 하려 했다는 점이다. 그것은 '일본' 그 자체를 내재적으로 재확인하려는 방향으로 전환되었다. 헤이안 시대 후기 이후에 그 새로운 '일본'이 나타난다.

제**6**장

'일본'의 변주

1. 『석일본기』의 입장
2. 일신의 나라 '일본'
3. 대일여래의 본국 '대일+본국'

자신들 내부에 존재하는 것에 자기정체성을 구하는 것이 강서에서의 '야마토' 논의의 본질이었다. 그리고 그것은 헤이안 시대 후기 이후 '일본'을 자신들의 문제로 어떻게 재구성할 것인가와도 관련된다. 자칭설의 재구축, 즉 '일본'의 변주(變奏)이다.

1. 『석일본기』의 입장

『석일본기』처럼 여러 책의 인용만으로 이루어진 서적도 '일본'을 외부에 두지 않고 자신들 내부에서 발생한 것으로 보려는 흐름과 궤를 같이 한다. 이는 확실해 보인다.

「엔기 강기」의 인용

우선 「엔기 강기」 서명을 둘러싼 문답의 인용에 주목하자. 제4장에서 언급한 것처럼 '일본'을 둘러싼 세 가지 문답이 고안 본『일본서기』에 적혀 있다. 그러나 『석일본기』의 인용에는 세 번째 문답이 누락되어 있다. '일본'으로 명칭을 바꾼 시기가 당나라 때부터라고 단

언했던 문답이 『석일본기』에는 언급되어 있지 않다. 그것이 의도적인 누락이라는 사실은 조헤이 「사기」의 인용과 대조해보면 명확해진다.

조헤이 「사기」의 인용

다음으로 조헤이 「사기」의 인용에 주목해보자. 『석일본기』는 「개제」부에서 조헤이의 「사기」를 토대로 하는데, 그것이 이본정본(異本丁本)인 것은 제4장 제1절에서 언급한 대로이다. 정본(丁本)과 『석일본기』의 인용을 무조건 비교할 수는 없다. 다만 어느 정도의 변형은 있지만, 이본정본과 정본은 기본적인 구조는 동일하다고 보아도 무방하다. 정본과 『석일본기』를 비교해서 그 인용 방식의 차이를 보는 것은 충분히 가능하다. 주의를 요하는 것은 『일본서기』를 읽는 데어떤 책을 갖추면 좋은가 하는 문답 가운데 「가나 일본기」의 서명이나온 것을 계기로, '일본'이라는 명칭을 다시 문제 삼는 부분에 관한인용 방식이다.

박사 긴모치는 참의 기노 요시미쓰와의 문답에서 '일본'은 동이의끝에 있는 일출의 땅이라는 점을 들어 당이 명명했다고 거듭 주장한다.[84] 긴모치의 답만 다시 인용해보겠다.

---

84   이 책 제3장 제2절, 제4장 제2절 참조.

· 그렇다면 즉 동이의 해 뜨는 땅에 있기에 일본이라 하는가.

· 그러므로 당 조정은 해 뜨는 쪽에 있기에 이름하여 일본국이라 한 것이다. 동이의 끝이라는 이유로 이 호칭을 얻은 것인가.

중화적 세계상에 근거하여 중국이 '일본'이라 명명했다는 명백한 타칭설이다. 이것이 『석일본기』에는 나오지 않는 것이다. 『석일본기』에는 어떤 책을 갖출 것인가라는 문답을 취하고, '일본'에 관한 논의에서 돌아와 「가나 일본기」와 가나의 기원을 문제 삼는 문답도 취했지만, 이 부분은 완전히 빠져 있다.

한편 이에 앞서 조헤이 「사기」에는 '일본'이라는 말의 초출과 그 의미가 논의되었을 것으로 추정된다. 참의 기노 요시미쓰가 "왜국을 명명하여 일본이라 하는데, 그 의미는 무엇인가, 또 그 이름은 언제 처음 나타나는가"라고 물었을 때, 상복은 다음과 같이 답한다.

상고에는 모두 왜국, 왜노국이라 칭했다고 한다. 당력에 이르러 비로소 일본이라는 호칭이 보인다. 발제 초반에 스승이 이렇게 설명했다.

동일한 취지의 박사의 답변이 이전에 있었음을 알 수 있는데, 『석일본기』에는 이 부분도 누락되어 있다. 그리고 긴모치의 설이 「긴모치 사기」에 의거해 인용되어 있다. 「긴모치 사기」는 간교 「사기」에 긴모치가 주를 단 것이다. 그런데 '일본'에 대해서는 간교 「사기」도, 긴모치도 자칭설의 입장을 취한다. 이는 앞서 지적한 대로이다.[85]

이렇게 본다면 『석일본기』가 간교 「사기」를 토대로 하면서도 '일본'에 관한 부분은 자칭설을 취하고자 그것을 「긴모치 사기」로 바꿔 수록했음이 분명하다.

타칭설의 배제

『석일본기』의 인용 방식에는 타칭설을 배제하려는 확실한 의도가 있었다고 할 수 있다. 이를 인용의 주체성이라 해도 좋겠지만 어쨌든 확고한 입장을 가지고 「사기」를 재구성한 것이다.

'일본'은 자신들 내부에서 나왔다는 명확한 인식이 거기에 있다. 하지만 그것은 『석일본기』만의 입장은 아니었다. 오히려 『석일본기』의 배경에 '일본'을 둘러싼 새로운 인식, 즉 자칭설의 재구축이 작동하고 있었다고 봐야 한다. '일본'이라는 명칭을 자신들 내부의 문제로 새롭게 파악하려는 지향성을 기저로 그 논의가 이루어졌다.

---

85 이 책 제4장 제2절 참조.

2. 일신의 나라 '일본'

신화와 '일본'

'일본'이라는 명칭을 내재적으로 보려는 움직임 속에서 구축된 것이 이른바 '일본'은 일신(日神)의 나라라는 주장이었다. 아마테라스 신에 근거한 일신의 나라인 점을 표방한 것이다.

반면 황조신(皇朝神) 아마테라스 신화를 근거로 일신의 나라라고 하는 그 '일본'이야말로 본래의 것이 아닌가, 라고 말할지도 모르겠다. 예를 들면 다음과 같은 설은 이해하기도 받아들이기도 쉽다.

('일본'은) 7세기 후반에 처음으로 사용되었을 가능성이 있다.… 천황은 아마테라스 신의 자손이라는 기기(記紀) 신화의 골격이 갖추어진 것도 아마 이 시기일 것이다.… '일본'이라는 국호가 선택된 배경에는 이와 같은 신화가 있다. 바로 '태양신의 자손'이 다스리는 나라로

서 '일본'이라는 국호가 정해진 것이다.[86]

그러나 이렇게 생각하는 데는 무리가 있다. 『일본서기』를 보더라도 '일본'은 고대 한반도와의 제국적 관계를 나타내는 용어로,[87] 신화와 연결되는 방식으로는 나타나지 않는다. 게다가 『고사기』에는 '일본'이라는 명칭 자체가 등장하지 않는다.

나라 시대에도 '일본'을 신화와 연결 지은 흔적은 없다. 다이호 율령의 '어우일본천황조지(御宇日本天皇詔旨)'라는 문구에 대해 「고기(古記)」에서는 '일본'에 주를 달지 않았다. 반면 「고기」는 '어대팔주천황조지(御大八洲天皇詔旨)'의 '대팔주'에 『일본서기』의 국토 생성신화를 인용한다. 고로 '일본'이라는 명칭은 신화에서 근거를 찾은 것은 아니었음을 알 수 있다.

헤이안 시대 조헤이 강서의 국명 논의 가운데 아마테라스가 등장하지만, 이것도 '일본'과는 관련되지 않는다. 그것은 다음과 같은 문답이었다.

묻기를, 이 나라를 희씨국(姬氏國)이라 칭하는 설이 있는가.

86   吉田孝, 『大系日本の歴史 3 古代國家の歩み』, 小學館, 1988.
87   이 책 제2장 제1절 참조.

스승의 설에 양나라 때 보지(寶志) 화상의 참(讖)에 이르기를, 동해 희씨국(東海姬氏國)이라 한다. 또 우리나라 승려 젠코스이(善楟推) 의 기(紀)에 이르기를, 동해희씨국은 왜국의 이름이다. 지금 생각건 대, 아마테라스는 시조의 음신(陰神)이다. 또한 진구 황후는 여제이 다. 이러한 것에 근거하여 희씨국이라 칭한다.

위의 인용은 정본에 의한 것인데,[88] '동해희씨국'이라는 명칭에 관 한 문답이다. '희씨국'이라는 명칭에 대한 설이 있는가, 라는 물음에 대해, 박사는 답한다. 그 이름은 양나라 때 보지 화상의 예언 중에 '동해희씨국'이라 있는데, '우리나라 승려 젠코스이의 기'에는 그것을 왜국의 이름으로 풀이하고 있다는 것이다. 그리고 이름의 의미를 생 각해보면, 아마테라스가 여신이고 진구 황후가 여제였으므로 여성 을 높이는 희(姬)자를 붙여 칭했다고 답한다. 여기서 아마테라스를 '일본'이라는 명칭의 유래와 관련 지어 생각하지 않음은 명백하다.

'일신의 나라'설

일신의 나라라는 설명이 확실히 나타난 것은 헤이안 시대 후기에

---

88 『석일본기』에도 이와 같은 문답이 인용되어 있는데, 문언에 큰 차이가 있다. 이에 대해서 는 이 책 제7장 제2절 참조.

이르러서다. 정황상 아마테라스 신화와 연결 짓는 이 설은 처음부터 있었던 것이 아니라 이 시점에 새롭게 만들어졌다고 보는 것이 타당하다.

헤이안 시대 후기에 송으로 건너간 조진(成尋)이 입송(入宋)에 대해 기록한 『참천태오대산기(參天台五台山記)』의 희녕(熙寧) 5년(1072) 조에, 일신의 나라 '일본'설의 가장 오래되고 확실한 예가 보인다. 거기에는 송나라 황제 신종(神宗)의 하문에 조진이 답한 일이 다음과 같이 기록되어 있다.[89]

본국에 전하는 신들의 계보는 7대이다. 제1대는 구니노토코타치노 미코토(國常立尊), 제2대는 이자나기·이자나미노 미코토(伊弉諾伊弉冉尊)이다. 제3대 오호히루메노 무치(大日孁貴), 다른 이름으로는 아마테라스 신이다. 일천자(日天子)가 처음 태어나 제왕이 되고, 후에 고천(高天)으로 올라가 천하를 비춘다. 이런 연유로 대일본국(大日本國)이라 이름 지었다. 제4대는 마사카쓰노 미코토(正勝尊)이다. 제5대는 히코노 미코토(彦尊), 치세 31만 8천 5백 4십 2년, 전왕(前王)의 태자이다. 제6대는 히코호호데미노 미코토(彦火火出見尊), 치세 63만 7천 8백 92년, 전왕의 둘째 아들이다. 제7대는 히코나기사노

---

89 문답은 서면에 의한다.

미코토(彦瀲尊), 치세 83만 6천 42년이다. 다음으로 천황의 계보 제1
대는 진무 천황, 치세 87년, 전왕의 넷째 아들이다. 지금 천황은 제71
대 국주(國主)이며, 모두 신씨(神氏)를 이어받았다.

　관세음보살의 화신으로 태양을 궁전으로 삼은 '일천자(日天子)'와
도 관계가 있으며, 직접적이지는 않지만 '일천자', 즉 일신 아마테라
스로 연결시켜 '일본'이라는 명칭에 대한 유래를 설명한다.

　한편 '히코노 미코토', 즉 니니기노 미코토(瓊瓊杵尊) 이하 3대의 치
세 햇수는 『일본서기』에는 보이지 않지만 '연대기(年代紀)'류의 정형
이었다. 예를 들면 군서류종본(群書類從本) 『황대기(皇代記)』[90]에는 니
니기노 미코토 31만 8천 542년, 히코호호데미노 미코토 63만 7천
892년, 히코나기사타케 우가야후키아에즈노 미코토(彦波瀲武鸕鷀草葺
不合尊) 83만 6천 42년으로 되어 있는데, 햇수가 완전히 일치한다.[91]
진무 천황의 동정(東征) 초반에 "천조(天祖)께서 강림하신 이래 지금
179만 2천 470여 해"라 한 것을 휴가(日向) 3대로 나눈 것이다. 이것
이 연대상 빠른 예이다.

　조진의 입송 약 100년 전인 옹희(雍熙) 원년(984)에 조넨(奝然)이 입

90　속편이 있지만 최종적으로는 14세기 후반 성립인가.
91　이 외에도 『인수경(仁壽鏡)』 등 몇몇 연대기가 같은 기간을 싣고 있다.

송했다. 이 사실은 『송사(宋史)』 일본전에 실려 있다. 이때 『왕연대기(王年代紀)』 한 권을 헌상했다고 한다. 그 『송사』에 그 『왕연대기』가 꽤 길게 인용되어 있다. 그것은 신대 이후 천황의 계보를 간략하게 기록한 것인데, 그 인용 끝부분에 지지(地誌)도 기록되어 있다. 특히 아래에 인용하는 신대의 계보는 특이하다. 『고사기』나 『일본서기』와는 전혀 다른 것이다.

최초의 주인은 아메노미나카누시(天御中主)라 부른다. 다음은 아메노무라쿠모노 미코토(天村雲尊)라 하고, 그다음은 모두 미코토(尊)를 붙여 부른다. 다음은 아메노야에쿠모노 미코토(天八重雲尊), 다음은 아메노니니기노 미코토(天弥聞尊), 다음은 아메노오시카쓰노 미코토(天忍勝尊), 다음은 미나미노 미코토(膽波尊), 다음은 요로즈무스히노 미코토(萬魂尊), 다음은 도토무스히노 미코토(利利魂尊), 다음은 구니사즈치노 미코토(國狹槌尊), 다음은 쓰노소무스히노 미코토(角襲魂尊), 다음은 구미쓰니노 미코토(汲津丹尊), 다음은 오모다루미노 미코토(面垂見尊), 다음은 구니토코타치노 미코토(國常立尊), 다음은 아메노카가미노 미코토(天鑑尊), 다음은 아메노요로즈노 미코토(天萬尊), 다음은 아와나기노 미코토(沫名杵尊), 다음은 이자나기노 미코토(伊弉諾尊), 다음은 스사노오노 미코토(素戔烏尊), 다음은 아마테라스 오호미카미노 미코토(天照大神尊), 다음은 마사카아카쓰 하야히 아메노오시호미미(正哉吾勝速日天押穗耳), 다음은 아마쓰히코노 미코토(天彦尊), 다음은 호무라노 미코토(炎尊), 다음은 히코나기사노 미코토(彦瀲尊), 도합 23대이다. 쓰쿠시(筑紫)의 휴가 궁(日向宮)에 도읍을 정했다.[92]

이 신들의 계보는 '연대기'류와도 전혀 다르다. 『고사기』, 『일본서기』, 『선대구사본기』에 나오는 이름도 있지만 전체적으로 크게 다르다. 이 문제에 관해 유효한 단서는 현재로서는 없다. 다만 이와 같이 신대로부터 시작되는 천황의 계보를 입송 때 준비했다는 사실은 조진도 마찬가지다. 하문을 예상하고 준비한 것이다.

『수서』 왜국전에는 개황(開皇) 24년, 즉 스이코 8년(600) 왜왕이 파견한 사신에게 문제(文帝)가 그 풍속을 물었다 한다. 『일본서기』 사이메이 천황 5년(659) 7월 조에 인용된 「이키노무라지 하카토코노쇼(伊吉連博德書)」에는 이때의 견당사에 대해 당 고종이 하문한 사실이 기록되어 있다. 외국사절에 대해 그렇게 하는 것이 당연히 예상되었고, 조넨은 그에 대비해 준비했던 것이다. 조진의 경우도 풍속이나 계보에 대한 황제의 하문이 있었고, 그것을 예상하고 답변하기 위해 역시 '연대기'와 같은 것을 준비해 간 것이다.

---

92   石原道博 編譯, 『舊唐書倭國日本傳・宋史日本傳・元史日本傳』, 岩波文庫, 1986.

조진이 답한 '신들의 계보 7대'도 휴가 3대의 치세 햇수도 『일본서기』와는 다르다. 간략화에 그치지 않고 변주(變奏)된 것으로 볼 수밖에 없다. 그리고 그것은 송 황제에게 보이기 위해 준비된 것이므로 공적인 의미를 가질 수 있었다. 일찍이 엔기 개원(改元)을 상신(上申)했던 미요시노 기요유키(三善清行)의 『혁명감문(革命勘文)』(901)도 정사(正史)가 아니라 '연대기'에 의한 것이었다. 헤이안 시대 초기부터 실제 이용된 것은 변주된 '연대기'였다. 그것이 정사를 대신해 공적인 역할을 했던 것으로 보인다. 이에 대해서는 졸저 『변주되는 일본서기』에서 자세히 다룬 바 있다.[93]

'일천자'가 포함된 국명의 유래도 그러한 '연대기' 속에 있었다. 일신의 나라라는 설은 늦어도 10세기 후반에는 성립된 것으로 보인다. 그 설이 적어도 가마쿠라 시대에는 일반화했다. 예를 들면 13세기 초 후지와라노 요시쓰네(藤原良經)의 와카집 『아키시노 겟세이슈(秋篠月清集)』에 실린 유명한 노래 "우리나라는 아마테루(天照) 신의 후손이기에 히노모토라 부르는 것이리"[94]에 보이는 대로이다.

---

93 神野志隆光, 『變奏される日本書紀』, 東京大學出版會, 2009.
94 대강의 뜻은 우리나라는 아마테라스 신의 후손인 천황의 나라이기 때문에 '히노모토(日の本)'라고 말하는 것이다.

모토오리 노리나가의 판단

이렇게 보면 일신의 나라 '일본'이 원래부터 있었다는 설은 성립되기 어렵다. 노리나가는 『국호고』에서 다음과 같이 말한다.

일본이라 붙인 이름의 뜻은 만국을 비추시는 일신 아마테라스가 태어난 나라라는 뜻일까. 또는 서번(西蕃)의 여러 나라에서 보면 해가 뜨는 방향에 해당한다는 뜻일까. 이 두 가지 중에 전자가 더욱 이치에 합당하지만, 그 당시 모든 정황을 생각건대 역시 후자의 뜻으로 명명된 것일까. 스이코 천황 치세에 해 뜨는 곳의 천자(日出處天子)라 한 것과 같은 취지이다.

일신의 나라라는 뜻과 해가 뜨는 방향에 의한 것이라는 두 설 중에 후자를 취한다. 『수서』에 실린 국서에 나오는 '해 뜨는 곳'을 끌어와 같은 취지라고 설명한 것은 납득할 수 없으나,[95] "그 당시 모든 정황을 생각건대 역시 후자의 뜻으로 명명된 것일까"[96]라고 판단한 것은 타당하다고 하겠다.

다만 노리나가에 대해 말하자면, 『이소노카미 사사메고토』 단계

95 이 책 제4장 제2절 참조.
96 구체적이지는 않지만 종합적으로 보면 그렇다는 뜻이다.

에서는 '일본'이라는 명칭에 대해 다음과 같이 명확하게 일신의 나라라는 입장에 서 있었다.

> 만국 하나같이 빛을 우러르고 은혜의 빛이 두루 비치는 아마테라스
> 신의 나라인 까닭으로, 해가 뜨는 곳에 있는 나라라는 뜻이다. 또 서
> 번의 여러 나라에서 보면 해가 떠오르는 방향에 있는 것도 절로 그
> 뜻에 부합한다.

그렇지만 『국호고』에서는 그 입장이 바뀐다.

일신의 나라 '일본'설의 정착

신화를 근거로 삼아 스스로에 내재한 것으로 이해하는 일신의 나라 '일본'설이 중세에는 널리 받아들여졌다. 그와 더불어 한편으로는 동쪽 끝에 있는 일출의 나라라는 설도 계승되었다.

14세기에 들어오면 예컨대 『신황정통기(神皇正統記)』에 다음과 같이 쓰여 있다.

> 오호히루메(大日霙, 아마테라스) 신이 다스리시는 나라이기 때문에
> 일신의 나라라는 뜻으로도 해석되는 것일까. 또한 해 뜨는 곳에 가깝
> 기 때문에 그렇게 말할 수 있을까.

『신황정통기』는 "대일본은 신국이다"라는 유명한 서두로 잘 알려져 있다. 그럼에도 불구하고 "오호히루메가 다스리는 나라"라는 설에 치우치지 않고 양쪽 설을 나란히 제시하고 있는 것이다. 해 뜨는 나라 설이 뿌리 깊게 내려오는 것을 의식할 수밖에 없었으리라.

그러한 흐름 속에서 『일본서기찬소』는 "동해 중에 있어 해 뜨는 곳에 가깝다"는 해석을 먼저 제시하고, "음양 두 신이 일신을 최초로 낳은 것에 의한다"라는 이해를 아울러 제시했다. 나아가 요시다 가네토모(吉田兼俱)는 『신서문진(神書聞塵)』에서 다음과 같이 말한다.[97]

아마테라스 신은 (나라의) 주인이다. 다른 나라에서도 히노모토(해의 밑동)라 부른다. 일신이 연 나라이다. 스스로 그리 칭했을 뿐 아니라 다른 나라에서도 일본이라 칭한 것이다.

우리나라는 일신이 주인이므로 공적으로 일본이라 한다. 태양보다 뛰어난 것은 달리 없다. 개중에는 우리나라는 소국(小國)이지 않느냐, 최초가 아니지 않느냐고 한다. 무릇 만물은 처음에는 작으나 커지는 법이다. 이 나라를 외국에서 일본이라 한다.

97 분메이(文明) 13년(1481)의 강의록. 인용은 신도대계본에 의한다. 『日本書紀註釈(下)』, 神道大系編纂會, 1988.

이처럼 어디까지나 일신의 나라가 본뜻이고, 그것을 다른 나라에서도 '히노모토(日の本)'라 불렀다는 것이다. 즉 일신의 나라와 해 뜨는 나라를 무리하게 하나로 합쳐 '일본'을 설명하려는 것이다.

또한 기요하라 노부카타(淸原宣賢)가 『일본서기초(日本書紀抄)』에서 말하는 바도 어떻게든 양쪽 설을 공존시키려는 시도였다.[98]

> 일본이라 칭하는 연유는 일신이 태어나신 본국이기 때문이다. 외국에서 일본이라 칭한 뜻은 그와 다르다. 해 뜨는 곳에 가까운 나라이기에 일본국이라 부르는 것이다.

이리하여 일신의 나라 '일본'설이 정착된 것이다.

---

98 『千理圖書館善本叢書 日本書紀纂疏 · 日本書紀抄』, 八木書店, 1977.

3. 대일여래의 본국 '대일+본국'

'대일+본국'설의 성립

일신의 나라 설과 더불어 '일본'을 내재적 근거에 의해 재구축하는 움직임으로 주목하고 싶은 것은 '대일+본국'설이다. 즉 이 나라가 대일여래(大日如來)의 본국인 까닭에 '대일본국(大日本國)'이라는 설이다.

불교의 입장에서 이 나라에 포교의 필요성을 설명하고자 밀교 교단에서 만든 설이다. 중세에 널리 유포되었는데, 이토 사토시의 연구에 따르면, '대일+본국'설은 헤이안 시대, 즉 11세기 후반에 이미 있었다.[99]

우라베 가네후미(卜部兼文)[100]가 1274~1275년 무렵 이치조(一條) 가문 사람들을 상대로 한 강의록에 다음과 같은 대목이 있다.[101]

---

99 伊藤聡, 「大日本國說について」, 『日本文學』 50・7, 2001.
100 『석일본기』의 편자인 우라베 가네카타의 부친.
101 『석일본기』에 실려 있다.

스승이 풀이하기를, 아마테라스 신의 본지(本地)가 대일여래라는 기사는 틀림없다고 한다.

대전(大殿)이 말씀하시기를, 대일본국은 진언종에서 말하는 대일의 본국이라는 뜻이라고 했다. 지금 이 문장과 부합한다. 매우 지당하다.

'대일+본국'설이 정착하는 과정이 잘 드러난다. 여기서 '스승'은 우라베 가네후미를, '대전'은 이미 은퇴한 이치조 사네쓰네(一條實經)를 가리킨다. 양자는 아마테라스가 대일의 본지이며,[102] 대일본국은 대일의 본국이라고 풀이한다.

국토 생성 신화의 재구축

'대일+본국'은 스스로에 내재하는 가치를 '일본'이라는 명칭을 통해 확신을 얻고자 하는 것이었다. 그리고 국토 생성 신화를 재해석하여 신화적 언설을 획득함으로써 '대일+본국'설이 정착되었다. 예를 들면『사석집(沙石集)』권1「대신궁(太神宮)에 대해」에 다음과 같은 대목이 있다.

지난 고초(弘張) 연간에 대신궁에 참배했을 때, 어떤 신관이 말했다.

---

102   부처가 본체이며, 신은 부처의 다른 모습으로 나타났다고 생각하는 것이다.

"본 신궁에서는 삼보(三寶)의 이름을 말하지 않고, 승려라 할지라도 본전 가까이는 참배하지 않는다. 그 이유는 옛날 이 나라가 아직 존재하지 않았을 때 대해(大海) 바닥에 대일여래를 상징하는 인문(印文)이 있어 아마테라스 신께서 바다 속에 창을 집어넣어 이를 찾으셨다. 그 창에서 떨어진 물방울이 이슬처럼 되었을 때, 제육천(第六天) 마왕이 멀리서 보고, '이 물방울이 나라가 되고 불법이 유포되어 인간이 생사를 벗어나 깨달음을 얻을 징조가 있다'며 그것을 없애기 위해 내려왔다. 아마테라스 신이 마왕을 만나 '나는 삼보의 이름도 말하지 않고 가까이 하지도 않을 것이다. 그러니 빨리 돌아가라'고 달래고 어르며 말씀하셨다. 이에 마왕이 돌아갔다.…"[103]

고초 연간은 1261~1264년이다. 이세 신궁에서 불교를 기피하는 이유는 오히려 불교를 옹호하기 위한 것이라고 말한다. 아마테라스가 바다 밑 대일여래의 인문을 보고 창을 집어넣어 나라를 만들었다고 하며, 그 나라에 불법이 유포되는 것을 방해하려는 마왕을 속이기 위해 불교를 가까이하지 않겠다고 맹세했다는 것이다. 가마쿠라 시대에 이와 같은 이야기가 있었다.

여기에 국명의 유래라 할 만한 내용은 나타나 있지 않지만, 아마

103 　小島孝之 校注, 『沙石集』, 新編日本古典文學全集, 小學館, 2001.

테라스를 대일여래와 연결 짓는다. 국토 생성 신화가 불교적으로 변주된 것이다. 이처럼 대일여래와 관련한 국토 생성 신화의 변주가 기축이 되어, 신화가 새롭게 만들어진다. 예를 들면 가마쿠라 시대 말기의 『고킨와카슈 관정구전(古今和歌集灌頂口傳)』에는 다음과 같은 대목이 나온다.

옛날 이자나기 · 이자나미 신이 하늘에 계실 때 불법을 널리 퍼뜨릴 땅을 찾으셨다. 천축(天竺)의 동북쪽에 바닷물이 유리처럼 빛나는 것을 보시고, 두 신이 이상히 여기시어 그곳을 보시니, 대일여래의 인문(印文)이 있었다. 이곳이 불법 유포의 땅이 될 만하다며, 하늘 다리(아메노우키하시) 위에서 천상의 옥으로 만든 창(아메노누보코)을 내려 넓고 푸른 바다를 휘저으니, 대해 바닥에 갈대의 뿌리가 있었다. 이러한 연유로 도요아시하라노쿠니(豊葦原國)라 이름 붙이셨다.… 대일여래의 인문 위에 생긴 나라인 까닭에 이름하여 대일본국이라 한 것이다.[104]

천축의 동북쪽 바다 밑에 대일여래의 인문이 보였기에 불법이 유포될 땅이라 하여 옥으로 만든 창을 집어넣었다고 한다. 대일여래의

---

104 片桐洋一, 『中世古今集注釈書解題』 5, 赤尾照文堂, 1986.

인문 위에 생긴 나라이기 때문에 대일본국이라 이름 지었다고 말한다. 원래 『고사기』와 『일본서기』의 이자나기·이자나미 이야기에는 대일여래의 인문이나 갈대의 뿌리는 등장하지 않는다. 변형된 국토 생성 신화이다.

또 무로마치 시대 말기의 『신도유래에 대해(神道由來の事)』라는 문헌에는 이자나기·이자나미가 창을 바닷물 속에 집어넣고 나라를 얻은 이후의 일이 실려 있다.

나라는 있는데 이름을 뭐라 불러야 하는가, 라는 서원(誓願)이 있었다. 그러자 대일여래가 지권인(智拳印)을 하시고 이 나라를 가리키셨다. 이를 보시고 역시 이 나라는 법신(法身)·응신(應身)·보신(報身)의 삼불신(三佛神)이 상응하며, 말대(末代)에 결법(結法)이 성취되는 땅이라 하셨다. 은혜로운 나라이므로 어떻게든 불법을 퍼뜨리고자 대일여래가 가리키신 나라인 까닭에 대일본국이라 이름 붙였다.[105]

이 또한 변주의 한 모습이라 하겠다. 다소 차이는 있으나 대일여래와 연관시켜 이자나기·이자나미의 국토 생성 신화를 변주한 것

---

105 横山重 編, 『神道物語集』, 古典文庫, 1961. 표기는 일부 수정했다.

인데, 이처럼 '대일+본국'으로 국명의 유래를 풀이하는 설이 중세에
는 널리 정착되었다.

본질은 자기 증명에 있다

그것은 중세에 고대 신화를 불교적으로 변주한 것이다. 그렇게 말
하면 그만이지만, 중요한 것은 세계의 근거를 어디서 구하는가 하는
점이다. 고대 한반도와의 '대국'적 관계가 공동화(空洞化)하여 의미를
잃은 제국적 세계상을 벗어나, 세계와 그 세계에서의 자신의 위치를
어디에 설정해야 하는가. 경전이 설하는 동차원의 보편적 세계에 의
거했을 때, 인도(천축)·중국(진단)과 동일한 가치를 지닐 만한, 자신
들이 그중 하나의 세계로 존재함을 확신할 수 있었던 것이다.

그러한 가운데 태초에 대일여래의 나라로서 약속된 땅이라는 신
화적 근거를 부여했다. 그 근거는 자신들의 내부에서 확신을 가질
수 있어야 하기에, 신화와 더불어 '대일본국'이라는 명칭에 의해 약
속되었음을 확인하려 한 것이다. 덧붙이자면 아마테라스가 즉 대일
여래라는 점에서 그것은 일신의 나라 '일본'설로 이어진다는 사실도
기억해야 한다. '대일+본국'설은 일신의 나라 '일본'설이 발전한 하나
의 형태라고도 할 수 있을 것이다.

제 **7** 장

‘동해희씨국’

1. 그 밖의 다양한 명칭
2. ‘동해희씨국’: 「야마태시」 해석을 둘러싸고
3. ‘동남대해중’에서 ‘동해중’으로

1. 그 밖의 다양한 명칭

'일본' 이외에 다양한 명칭이 있었다고 강서 이래 계속 지적되어
왔는데, 그에 대해서도 주목해보자.

강서에 나타난 것

강서 중에서도 국명 논의를 잘 살펴볼 수 있는 것이 조혜이 연간
의 강서이다. 제4장에서 서술한 대로 현존「사기」(정본)는 조혜이 연
간의 강서인「사기」이며, 이와 동일한「사기」가『석일본기』에 인용
되어 있는 것으로 보인다. 다만 서로 다른 점이 있다.『석일본기』에
인용된 것은 이본(이본정본)으로 봐야 한다.『석일본기』「개제」부는
이본정본을 토대로 했다고 추정된다. 이에 의해 조혜이 연간 강서의
'일본'을 둘러싼 논의 전체를 복원할 수 있다. 거기에는 중국에서 불
린 다양한 이름에 대한 논의가 있다.

먼저 '일본'을 문제 삼는다. 다음으로 원래 '왜'라고 불렸던 사실에
기초하여 '왜' 자의 의미는 무엇인가, '왜'에서 '일본'으로의 전환은 자

칭인가 타칭인가, '왜노국'이라 불리는 이유는 무엇인가, '와누'라는 호칭은 수나라 때부터 생겼는가, 라는 순서로 논의를 전개한다. 그리고 나서 다음과 같이 묻는다.

묻기를, 대왜(大倭), 왜노(倭奴), 일본(日本) 세 이름 외에 당나라에서 별도로 이 나라를 부르는 호칭이 있었는가.

지금까지 문제 삼아온 대왜, 왜노, 일본 외에 이 나라를 부르는 또 다른 호칭이 있는가 하는 질문에 대해 '야마태(耶馬台)', '왜면(倭面)' 등을 다루는 것이 전체 논의의 흐름이다. 거기에서 국명으로 언급된 호칭을 열거해보면 일본, 왜, 왜노, 왜면, 야마태·야마퇴(耶摩堆)·야미퇴(耶糜堆), 남북이왜(南北二倭), 희씨국(姬氏國)이다. 모두 중국 문헌에 보이는 것들이다.

'왜'와 '일본' 외의 호칭에 관해 간단히 짚고 넘어가자면, '왜노'는 『후한서』에 나오는 '왜노국왕(倭奴國王)'(光武紀 中元2年), '왜노국'(倭傳)에 의한다. '왜+노국'(倭의 奴國)이라고 해석되는 것을 '왜노+국'으로 연결한 데서 나온 말이다. 게다가 그 설명은 중국에 간 사신이 국명을 묻는 질문에 동쪽을 가리키며 '와가쿠니(我が國, 우리나라)'라고 답할 요량으로 '와누코쿠(わぬ國)'라고 말했다는 설에 의한다. 모토오리 노리나가의 『국호고』가 "믿기 어려운 설이다"라고 일축한 것처럼,

이 설 자체는 억지로 이유를 갖다 댄 것에 불과하다. 어구를 잘못 끊어 읽어서 있지도 않은 이름이 생겼다는 점에서는 '남북이왜'도 마찬가지였다.[106]

야마태·야마퇴·야미퇴가 모두 '왜=야마토'에 유래한 것은 「사기」(정본)가 말하는 바와 같다.

'왜면'도 『후한서』 안제기(安帝紀) 영초(永初) 원년(107) 기사에 나온다고 한다.

또 묻기를, 왜면이라는 호칭은 어디에 보이는가.

이에 대해 박사는 "후한서에 이르기를, 효안 황제(孝安皇帝) 영초 원년 10월 겨울, 왜면국(倭面國)이 사신을 보내 봉헌했다"라는 기사가 있다고 답한다. 그러나 현행 『후한서』에는 단지 '왜국'이라고만 되어 있어 문제가 그리 간단하지 않다. 이에 대해서는 니시지마 사다오의 『왜국의 출현: 동아시아 세계 속의 일본』에 자세한 설명이 나와 있다.[107]

'희씨국'은 본장 제2절에서 자세히 살펴보겠다.

---

106 이 책 제4장 제1절 참조.
107 西嶋定生, 『倭國の出現: 東アジア世界のなかの日本』, 東京大學出版會, 1999.

강서 이후:『신황정통기』

강서 이후를 보려면, 본격적으로 정면에서 다룬 것은 시대를 내려가 남북조・무로마치 시대의 텍스트인『신황정통기』와『일본서기찬소』등을 볼 수밖에 없다. 이 문헌들을 살펴보면 강서와의 차이가 명백하다.

14세기 전반의『신황정통기』는 서두에 "대일본은 신국(神國)이다"라고 시작하여 일본이 '신국'인 까닭을 서술한다. 이어서 "신대에는 도요아시하라노 지이호아키노 미즈호노쿠니(豊葦原千五百秋瑞穂國)라 불렀다"라며 이에 대해 설명한다. 그리고 "또는 오호야시마(大八洲)라 한다", "또는 야마토(耶麻土)라 한다"라고 하고 "한토(漢土)에서 왜(倭)라고 이름 붙인 것은"을 삽입한다. 그 다음에 "또 이 나라를 아키즈시마(秋津洲)라 한다", "이외에도 많은 이름이 있다. 구하시호코노 지다루쿠니(細戈の千足る國), 시와카미노 호쓰마쿠니(磯輪上の秀眞國), 다마가키노 우치쓰쿠니(玉垣の內國)라고도 불렀다. 또 부상국(扶桑國)이라고도 했는가"라고 설명을 덧붙이며 다른 이름을 열거한다.

'도요아시하라노 지이호아키노 미즈호노쿠니', '오호야시마', '야마토'는 천손 강림 신화와 국토 생성 신화에서 취한 신대의 호칭으로 예를 든 것이다. 왜(倭) 자는 후에 자전이 전해졌을 때 이 나라의 이름에 사용된 것을 그대로 수용하여 '야마토'라고 훈독해왔다. '왜'라고 한 것은 처음 중국 땅에 갔던 사신이 국명을 묻는 질문에 '와가쿠

니와(吾國は, 우리나라는)'라고 말한 것을 듣고 '와'를 국명으로 받아들여 여기에 왜(倭)자를 대응시킨 것이라고 한다. 강서에 나오는 '왜노국'설의 변형이라 할 만한 설이다.

'일본'도 한자가 전해진 후에 '야마토'를 한자로 쓰기 위해 정한 것이라고 하는데, '오호히루메(大日孁, 아마테라스) 신이 다스리시는 나라'의 뜻인지 '해 뜨는 곳에 가깝기 때문에 이렇게 말한 것인가'의 뜻인지는 판단을 유보하고 있다.

'아키즈시마', '구하시호코노 지다루쿠니', '시와카미노 호쓰마쿠니', '다마가키노 우치쓰쿠니'는 모두 『일본서기』 진무 천황 31년 4월 기사에 의한다.

> 와키가미(腋上) 호호마(嗛間) 언덕에 오르셔서 나라를 둘러보시며,
> "아, 나라를 얻었도다. 비록 우쓰유후노 마사키쿠니(좁은 나라)라 하지만 또 아키즈노 도나메(잠자리가 교미하는 형상)이도다"라 말씀하셨다. 이에 연유해서 최초로 아키즈시마라 불렀다. 옛날 이자나기 신이 이 나라를 이름하여, "일본은 우라야스쿠니(평온한 나라), 구하시호코노 지다루쿠니(정밀한 무기가 구비된 나라), 시와카미노 호쓰마쿠니(실로 뛰어난 나라)"라 하셨다. 또 오호나무치 신이 이름하여, "다마가키노 우치쓰쿠니(울타리에 둘러싸인 나라)"라 하셨다.

국명이 자기정체성 확인의 근저에 있음을 자각하고 있다. 나라의 이름으로 보이는 것을 신화적 호칭까지 포함해 모두 열거하며, 그 호칭들이 내부에서 기인한다는 점을 확인하려 한다. 어디에 주안점을 두는가에 따라 크게 달라지는 것이다. '일본'의 변주에 작동하는 것과 마찬가지로, 여기서도 내재적 근거를 추구하는 자세를 볼 수 있다.

『일본서기찬소』

15세기 중반의 『일본서기찬소』도 이러한 흐름 속에 있다. 다만 『일본서기찬소』는 자신의 입장을 전면에 내세우기보다 기존 설을 모두 정리하여 체계적으로 제시한다.

'일본'에 대해서는 "첫째 석의(釋義)", "둘째 왜훈(倭訓)", "셋째 별호(別號)"로 나눠 여러 설을 총망라한다. '별호'에 관해서는 "무릇 우리나라의 이름은 일본과 중국의 문헌을 통틀어 13개가 있다"라고 한다. 그중 왜국, 왜면국, 왜인국, 야마태국, 희씨국, 부상국, 군자국의 7개는 일본과 중국의 통칭이라 했고, '도요아시하라노 지이호아키노 미즈호노쿠니', '도요아키즈시마', '우라야스쿠니', '구하시호코노 지다루쿠니', '시와카미노 호쓰마쿠니', '다마가키노 우치쓰쿠니'의 6개는 일본에서만 부르는 호칭이라 설명한다. 강서 이래 『신황정통기』가 언급한 『일본서기』의 명칭들까지 모두 수집해서, 일본과 중국에서 통용된 명칭과 일본에서만 쓰인 명칭을 구별하여 정리한 것이다. 일견 객관적인 듯하지만, 일본에서만 쓰인 것을 구별하여 제시한 점에서 '일본'의 내재적 근거를 찾으려는 맥락 안에 있다고 이해할 수 있다.

16세기 전반 기요하라 노부카타의 『일본서기 신대권초』는 『일본서기찬소』의 정리를 그대로 계승한다. 그러면서 '일본국'을 추가해 "무릇 우리나라의 이름은 14개가 있다"라며 "신대부터의 이름으로 우리나라에서만 칭하는" '도요아시하라노 지이호아키노 미즈호노 쿠니' 이하 '다마가키노 우치쓰쿠니'의 6개를 내세운다. 『일본서기찬소』에 13개라 한 것은 '일본'을 특별히 셈하지 않고 나머지만을 센 것이다. 『일본서기찬소』가 "일본국을 누락시켰다"는 기요하라 노부카타의 비판은 맞지 않다. 일본과 중국에서 통용된 명칭보다 "신대부터의 이름"이라 하여 '우리나라'에서만 쓰인 명칭을 먼저 제시했을 때, 『일본서기찬소』의 정리에 배태된 방향성이 좀 더 확실히 드러났다고 할 수 있다.

'일본' 외의 다양한 호칭을 둘러싼 언설의 전개도 '일본'의 변주와 궤를 같이한다고 해도 좋으리라. 그중 주목하고 싶은 것은 '동해희씨국'이다.

2. '동해희씨국': 「야마태시」 해석을 둘러싸고

정본의 개변

조헤이 연간의 강서에서는 '동해희씨국(東海姬氏國)'(동해 희씨의 나라라는 뜻)이라는 명칭이 거론된다. 앞서 살펴보았지만 「사기」(정본)에 다음과 같은 내용이 있다.

> 묻기를, 이 나라를 희씨국(姬氏國)이라 칭하는 설이 있는가.
>
> 스승의 설에 양나라 때 보지(寶志) 화상의 참(讖)에 이르기를, 동해희씨국(東海姬氏國)이라 한다. <u>또 우리나라 승려 젠코스이(善㼿推)의 기(紀)에 이르기를</u>, 동해희씨국은 왜국의 이름이라 한다. 지금 생각건대, 아마테라스는 천황가의 시조가 되는 음신(陰神)이다. 또한 진구 황후는 여제이다. 이러한 것에 근거하여 희씨국이라 칭한다.

이에 대응하는 것이 『석일본기』에 있다.

묻기를, 이 나라를 <u>동해여국(東海女國)이라 한다. 또 동해희씨국이</u>라 한다. 그런 설이 있는가.

답하기를, 스승의 설에 양나라 때 보지 화상의 참(讖)에 이르기를, 동해희씨국은 왜국의 이름이라 한다. 생각건대 아마테라스는 천황가의 시조가 되는 음신(陰神)이다. 진구 황후는 또한 여주(女主)이다. 이에 <u>혹은 여국(女國)이라 하고 혹은 희씨국이라 칭한다고 한다. 동해라 함은 일본이 대당에서 동쪽에 있으므로 당이 명명한 것이다.</u>

양자는 밑줄 친 것처럼 큰 차이가 있다. 첫째로 정본은 '동해여국'에 대해서는 언급하지 않는다. 둘째로 정본은 '동해희씨국'의 '동해'를 문제 삼지 않는다. 셋째로 『석일본기』에는 '우리나라 승려 젠코스이의 기'에 관한 언급이 보이지 않는다. 단순한 오류나 누락이라고 하기는 어렵다. 그것은 『석일본기』가 인용한 텍스트의 문제이다. 『석일본기』가 인용한 것은 동일한 조헤이의 「사기」이지만, 후대에 변형이 이루어진 이본정본으로 봐야 함은 앞에서도 서술했다.

『어경등사(御鏡等事)』(第三末)에는 「일본기문답」에서 인용했다는 정본의 '희씨국'과 합치하는 기사가 있다.[108]

108　金澤英之,「石清水八幡宮『御鏡等事第三』所引日本紀私記について」,『上代文學』80, 1998.

이 나라를 희씨국이라는 칭하는 것은 어떠한가.

질문에 해당하는 문장은 약간의 차이가 있으나 대답 부분은 정본과 완전히 일치한다. 「일본기문답」이라는 서명은 일찍이 알려져 있었다. 가데노코지 가네나카(勘解由小路兼仲)[109]의 일기인 『감중기(勘仲記)』 고안 원년(1278) 10월 22일 기사에 후지와라노 가네히라(藤原兼平)와 이치조 이에쓰네(一條家經) 등이 보도인(平等院) 서고에 갔을 때, 「일본기문답」을 찾아내 분철해서 나눠 필사했다고 한다.[110] '문답'이라는 명칭은 「사기」의 문답체를 따른 것이다. 『와카 동몽초』에 인용한 「일본기문답초」가 이와 동일한 것으로 추정된다.[111] 『어경등사』에 인용된 것도 이것이라 추정해도 무방하다. 정본과 일치하는 「일본기문답」은 우지 보도인 서고에 비장(秘藏)되어 있었으므로 전래 도중 개변되지 않은 채로 있었다고 봐야 한다. 이로써 정본이 개변되었음을 알 수 있다.

109 가마쿠라 시대의 공경인 히로하시 가네나카(廣橋兼仲, 1244~1308)이다. 『감중기(勘仲記)』라는 일기의 저자인데, 일기 제목이 가데노코지 중납언 가네나카(勘解由小路中納言兼仲)라는 호칭에서 붙여진 것이라 '가데노코지 가네나카'로 더 많이 불린다.─옮긴이 주
110 和田英松, 『本朝書籍目錄考証』, 明治書院, 1936.
111 太田晶二郎, 「上代に於ける日本書紀講究」, 『太田晶二郎著作集』 3, 吉川弘文館, 1992(1939).

'동해희씨국' 문답의 개변

'동해희씨국'을 둘러싼 문제에 대해 그 개변 과정을 정리해보자.

첫째, 『석일본기』의 '동해여국(東海女國)'이 어디서 온 것인가 하는 문제이다. 「고닌 사기 서」의 "무현지(武玄之)가 말하기를 동해여국이다"라는 구절에 의해 설명이 추가되었다고 보인다. 이 문장은 『절운』 계통의 운서인 『운전(韻詮)』[112]에 의거했다고 여겨진다. '여국'을 '여왕국'이라 정정하기도 하지만 그대로 좋다. 『위지』에는 확실히 '여왕국'이라 쓰여 있으나, 『한원(翰苑)』이 인용한 『위략(魏略)』이나 『태평어람(太平御覽)』이 인용한 『위지』 본문에는 '여왕국'이 '여국'이라고 되어 있기 때문이다. '동해여국'을 '동해희씨국'과 병용하는 것은 같은 취지의 명칭이라고 보기 때문임이 이 문장의 문맥상 명백하다. '여주'라는 구로 '여국'을 설명할 수 있어 동일한 것으로 파악했다고 이해되지만, 이는 별개의 것을 하나로 취급해버린 것이다.

둘째, '동해(東海)'에 대해 『석일본기』가 "대당에서 동쪽에 있다"고 설명한 것은 강서에서의 "대당의 동쪽 일만이천 리"라는 지리 규정을 정식화해온 설(「고닌 사기 서」 등)을 받아들인 것으로 보인다. 그 일만이천 리가 "낙랑군(樂浪郡)의 경계는 그 나라를 지나 만이천 리"(『후한서』), "낙랑군 경계 및 대방군을 지나 일만이천 리"(『수서』)라는 중

---

112   당나라 무현지가 편찬한 운서.—옮긴이 주

국 역사서 기술에 전거를 둔 것임은 말할 것도 없다. '동쪽(동방)'과 '동해'에 대해서는 적지 않은 문제가 있지만 그에 관해서는 본장 제3절에서 서술한다.

셋째, 『석일본기』가 '우리나라 승려 젠코스이의 기'에 대해 언급하지 않는 것은 단순한 탈락인지 아니면 의도적인 생략인지 판단하기 어렵다. 이것이 없더라도 "보지 화상의 참(讖)에 이르기를 동해희씨국은 왜국의 이름이다"라는 문장의 뜻은 통하는데, 어하튼 개변된 정본으로 보아도 무방하다.

'보지 화상의 참'에서 '참(讖)'은 예언이라는 뜻이다. 이에 의해 '동해희씨국'이 국명을 둘러싼 논의에 등장하게 되었는데, 요컨대 조혜이 강서에서 '보지 화상의 참'과 그에 대한 주라고 생각되는 '우리나라 승려 젠코스이의 기'에 의해 '동해희씨국'이라는 명칭이 논의되어 온 것이다. 그리고 전래 과정에서 다른 「사기」에 인용되어 있는 것이 더해져 논의가 더욱 증폭되고 변형되었다.

보지 화상의 참, 「야마태시」

보지 화상이 예언한 내용은 무엇일까. 그것은 「야마태시(野馬台詩)」라는 형태로 전해진다. 현재 『본조일인일수(本朝一人一首)』[113] 권9

---

113 하야시 가호(林鵞峰) 편. 1660년 성립. 오토모 황자(大友皇子)에서 도쿠가와 요시나오(德

에 수록된 것에 의하면 「야마태시」의 본문은 다음과 같다.[114]

東海姬氏國, 百世代天工,

右司爲輔翼, 衡主建元功,

初興治法事, 終成祭祖宗,

本枝周天壤, 君臣定始終,

谷墳田孫走, 魚膾生羽翔,

葛後干戈動, 中微子孫昌,

白龍游失水, 窘急寄故城,

黃鷄代人食, 黑鼠喰牛腸,

丹水流盡後, 天命在三公,

百王流畢竭, 猿犬稱英雄,

星流飛野外, 鐘鼓喧國中,

靑丘與赤土, 茫茫遂爲空.

동해에 있는 희씨의 나라에서는 백세에 걸쳐 하늘이 바뀌고

좌우의 신하가 국정을 보좌하며 재상이 공적을 세웠다

川義直)까지 삼백여 명의 한시(漢詩)를 한 사람당 한 수씩 선정하여 비평한 책이다.
114   小島憲之 校注, 『本朝一人一首』, 新日本古典文學大系, 岩波書店, 1994.

처음에는 법치체제를 잘 갖췄고 후에는 선조를 잘 모셨다

천자와 신하는 천지에 두루 퍼져 군신 질서가 안정되었다

밭이 메워지고 귀인이 도망가고 어육에 갑자기 날개가 돋쳤다

중세 시대로 쇠퇴하여 천한 자의 자손이 번성하며

백룡은 물을 잃고 끝내 이민족의 성에 몸을 기댔다

노란 닭이 사람 대신 음식을 먹고 검은 쥐가 소의 창자를 먹었다

왕궁은 쇠락하여 천명은 삼공으로 옮겨갔고

백왕의 혈통은 마침내 다하여 개와 원숭이가 영웅으로 칭해졌다

유성이 들 저편에 날고 종소리 북소리가 나라 안에 울렸다

대지는 황폐해져 망망한 세계는 무로 돌아갔다

　글자 그대로는 이해하기 어렵고 이렇게도 저렇게도 해석할 수 있기 때문에 예언으로 기능했던 것이다. 첫 구의 '동해희씨국'은 일본을 뜻하며, 「야마태시」 전문은 5~6세기경 양나라 승려 보지(寶誌)[115]가 일본의 쇠망을 예언한 것으로 이해되었다. 조헤이 강서에서 말하는 '보지 화상의 참'은 「야마태시」를 가리킨다. '동해희씨국'은 여기에 전거를 둔 것이었다.

115　정본에는 '寶志'이지만 일반적으로 이렇게 표기된다.

「야마태시」 해석의 정착

「야마태시」는 어떻게 수용되었는가. 오랜 세월 전래되는 가운데 그 해석이 계속 바뀌며 정착되기에 이르렀다. 「야마태시」가 정착·유포된 것은 「장한가전(長恨歌傳)」, 「장한가(長恨歌)」, 「비파행(琵琶行)」, 「야마태시」가 합쳐진 이른바 「가행시(歌行詩)」에 의해서였다. 고활자판(古活字版)과 정판본(整版本)으로 간행되었는데, 「야마태지기(野馬台之起)」 및 「야마태서(野馬台序)」와 함께 「야마태시」(본문과 주)가 실려 있다. 중세에는 그러한 형태로 정착되었다. 거기에 다시 주를 단 것이 『가행시언해(歌行詩諺解)』(1684)이며,[116] 또한 「야마태시·주(野馬台詩·注)」를 일본어로 풀이한 『야마태시국자초(野馬台詩國字抄)』(1797), 『야마태시여사(野馬台詩餘師)』(1843)도 성립했다. 근세에는 이런 식으로 널리 유포되었다.

「야마태지기」는 견당사 기비노 마키비(吉備眞備)의 일화 안에서 「야마태시」가 전래된 사정을 이야기한다. 마키비가 당나라에서 겪은 온갖 시련 중 하나가 보지 화상이 지은 "난행부동(亂行不同)의 문장", 즉 「야마태시」의 해독이었다. 마키비가 동쪽을 바라보며 신불(神佛)의 가호를 기원하자, 하세데라(長谷寺) 관음이 거미로 현현(顯現)하여 마키비 앞에 떨어졌다. 마키비는 거미줄을 따라 그 문장을

116 말하자면 주(注)에 다시 주를 단 소(疏)에 해당한다.

읽을 수 있었다. 마키비 사후 아무도 읽을 수 없었는데, 오노노 다카무라(小野篁)가 하세데라에 참배했을 때 관음이 거미로 나타나 해독하게 되었다고도 전한다.

「야마태서」는 보지 화상이 이 시를 어떻게 지었는가에 대해 이야기한다. 보지 화상에게 1008명의 '화녀(化女)'가 계속 나타나 '본국의 시종(始終)'을 말하고 사라졌다고 한다. '千八人女'라는 글자를 조합하면 '倭'가 된다. 이에 보지 화상이 '화녀'가 왜국의 신(神)임을 깨닫고 그 말씀을 시로 지었다고 한다. 혹은 보지 화상이 관음의 화신(化身)이라고도 한다.

이처럼 「야마태지기」나 「야마태서」와 더불어 「야마태시」는 일본 역사를 예언한 것으로 읽혔고, 본문만이 아니라 주와 함께 유포되었다. 주의 뜻은 대강 이러하다.

'동해희씨국(東海姬氏國)'이란 일본국이 주(周)의 선조인 후직(后稷)의 후예임을 주의 성씨인 희(姬)로써 말하는 것이다. '백세대천공(百世代天工)'은 천황의 치세가 백대에 달한다는 것, '우사위보익(右司爲輔翼)'은 아메노 고야네 신과 아메노 후토다마 신이 황손이 강림할 때 도운 것을 말한다. '형주(衡主)'는 전생에 형산(衡山)의 혜사선사(惠思禪師)[117]였다고 하는 쇼토쿠 태자를 말하며, 17조 헌법을 정한 것을 '초흥치법사(初興治法事)'라고 한 것이다. '곡진(谷塡)'과 '어회(魚膾)'는 임신의 난(壬申の亂)[118]을 말한다. '갈후간벌동(葛後干戈動)'은 후지와라노 나카마로의 난(藤原仲麻呂の亂)[119]을 말한다. '중미자손창(中微子孫昌)'은 그에 의해 후지와라씨가 머지않아 쇠락하는데, 후지와라노 요시후사(藤原良房) 때 재흥하여 다시 자손이 번성했음을 말한다. '백룡(白龍)'은 경진년(庚辰年)에 태어난(白=庚, 龍=辰) 고켄 여제(孝謙女帝)이다. '군급기고성(窘急寄故城)'은 고켄 여제가 음탕하여 승려 도쿄(道鏡)를 총애했기 때문에 나라가 위태로워졌음을 말한다. '황계(黃鷄)'는 다이라노 마사카도이다. 기유년(己酉年)에 태어나(己=黃, 酉=鷄) 왕을 사칭했다. '흑서(黑鼠)'는 다이라노 기요모리(平淸盛)이다. 임자년(壬子年)에 태어나(壬=黑, 子=鼠) 극악무도하게 군신의 예를 어지럽혔다. '천명재삼공(天命在三公)'은 미

---

117 혜사(慧思, 515~577)는 혜사(惠思), 사대사(思大師), 사선사(思禪師), 사대선사(思大禪師), 사대화상(思大和上)이라고도 한다. 만년을 남악(南岳) 형산(衡山)에서 지내 통칭 남악혜사라 한다.—옮긴이 주

118 덴치 천황 붕어 후인 672년 임신년에 황위 계승을 둘러싸고 황족과 호족들 사이에서 벌어진 내란이다. 덴치 천황의 동생인 오아마 황자(大海人皇子)와 천황의 장자인 오토모 황자(大友皇子)가 대립했는데, 오토모 황자는 패배하여 자살했고 이듬해 오아마 황자는 즉위하여 덴무 천황이 되었다.—옮긴이 주

119 나라 시대인 764년 고켄 천황(孝謙天皇)과 도쿄(道鏡) 등에 대해 태정대신 후지와라노 나카마로가 반란을 일으켰다가 실패했다. 나카마로의 다른 이름이 에미노오시카쓰(惠美押勝)이기 때문에 에미노오시카쓰의 난이라고도 한다.—옮긴이 주

나모토노 요리토모(源賴朝)가 천하를 평정한 이래 삼대에 걸쳐 쇼군(將軍)이 된 것을 말한다. 그 후 천하의 정치가 천황의 치세로 되돌아가는 일은 없었다. '백왕류필갈(百王流畢竭)… 망망추위공(茫茫邃爲空)'은 백대의 왕을 거친 후에 신술년(申戌年)에 태어나는 '원견영웅(猿犬英雄)'이 천하에 무위를 떨치고, 이후 병란이 끊이지 않고 나라가 텅 비게 됨을 말한다.

요컨대 천손 강림으로부터 여러 차례의 난을 거쳐,[120] 미나모토노 요리토모의 무사정권 수립으로 무사들 세상이 되고, 그 나라는 백대의 왕 이후에 멸망한다는 쇠망의 역사가 여기에 숨겨져 있다. 그것은 무사들의 시대를 맞이한 왕당파(王黨派)가 자신들의 정당성을 주장하기 위한 역사 해석이었다. 본래 「가행시」의 주는 여기까지인데 그 주가 정착된 것이다.

한편 마지막 여섯 구에 대해 "야마나 소젠(山名宗全)과 호소카와 가쓰모토(細川勝元)가 각각 신년(申年)과 술년(戌年)에 태어나 오닌의 난(應仁の亂)을 일으킨 탓에 도읍이 황폐해졌음을 말한다"라고 주를 추가하여 새롭게 해석한 것이 있다. 시대 범위를 확대해서 오닌의 난

---

120 오토모 황자의 난, 에미노오시카쓰의 난, 고켄 여제, 다이라노 마사카도의 난, 다이라노 기요모리 등.

까지 포괄하도록 한 것이다.[121] 물론 그 최종 단계는 오닌의 난 이후의 해석이다. 「가행시」주의 해석은 그 전단계인 무사의 시대 도래까지만 다룬 것이었는데, 「가행시」주가 정착되는 과정에서 헤이안 시대 이후 새로운 해석이 계속 나오며 특히 중세에는 다양한 버전으로 널리 퍼진 것이다.[122]

고미네 가즈아키가 "과거뿐 아니라 눈앞의 현재를 읽기 위한 필수 텍스트가 되었다"고 지적한 것은 「야마태시」에 의한 현실 해석 위에 『오닌키(應仁記)』를 만들어낸 무로마치 말기의 상황을 말한 것이다. 단 그보다 이른 시기부터 이러한 조짐이 확인된다.

『헤이케 모노가타리(平家物語)』권4에 지쇼(治承) 4년(1180) 다카쿠라노미야(高倉宮)의 거병 때 미이데라(三井寺)의 권유에 대한 남도(南都) 고후쿠지(興福寺)의 답신이 있다. 거기에 "부친 다이라노 다다모리(平忠盛)가 승전(昇殿)을 허락 받았을 때 도비(都鄙)의 노소 모두가 봉호(蓬壺)의 하근(瑕瑾, 치욕)을 안타까워했으며 내외의 영웅호걸들은 마태(馬台)의 참문(讖文)을 떠올리며 통곡했다"라고 쓰여 있다.

뛰어난 식자들은 「야마태시」를 떠올리며 개탄했다는 것인데, 그렇다면 「야마태시」의 시구를 어떻게 갖다붙였을까. 다이라노 다다

---

121   이러한 맥락에서 『오닌키』가 성립한 사정에 대해서는 구로다 아키라의 논고를 참조. 黑田彰, 「應仁記と野馬台詩注」, 『中世說話の文學史的環境(續)』, 和泉書院, 1995.
122   小峰和明, 『「野馬台詩」の謎』, 岩波書店, 2003.

모리가 승전을 허락 받은 것은 덴쇼(天承) 2년(1132) 임자년(壬子年)의 일이다. '내외의 영웅호걸'의 개탄이라 함은 '임자(壬子)'와 '흑서(黑鼠)'를 관련시켜 '흑서식우장(黑鼠喰牛腸)'이라는 구는 이게 아닌가, 라고 추정하는 식이다. 다이라노 기요모리가 임자년에 태어난 사실을 끌어와 "黑은 水, 鼠는 子"(「가행시」 주)라며 기요모리를 '흑서'에 빗댄 것과 마찬가지다. 당시에 이미 맞닥뜨린 한탄스러운 현실을 받아들이기 위해, 현재를 읽는 텍스트로서 「야마태시」가 있었다. 그러한 해석이 축적되는 가운데 「가행시」 주가 정착된 것이다.

물론 10세기 전반의 조헤이 강서에서 말하는 '보지 화상의 참'은 이와 동일한 역사해석일 리 없다. 시대를 더 거슬러 올라가 헤이안 시대의 해석을 살펴볼 필요가 있다.

헤이안 시대의 「야마태시」

12세기 초 오에노 마사후사(大江匡房)가 『강담초(江談抄)』 권5에 "이 참서는 우리나라의 쇠망을 다룬 것이다"라고 언급한 것은 헤이안 시대의 해석과 관련된다. 그것이 구체적으로 어떤 내용인지는 분명치 않다. 다만 기비노 마키비가 거미줄을 따라 문장을 해독했다는 일화는 이미 『강담초』 권3에도 보이므로, 「야마태시」를 둘러싼 이야기의 유포와 정착을 엿볼 수 있다.

실제 있었을 법한 해석에 대한 실마리를 제공해주는 자료는 『엔랴쿠지 호국 연기(延曆寺護國緣起)』(『續群書類從』)에 인용된 「엔랴쿠 9년 주(延曆九年注)」[123]이다. 도노 하루유키가 논문 「야마태 참서의 엔랴쿠 9년 주」에서 교정한 내용을 참고하여 인용해보면 다음과 같다.[124]

엔랴쿠 9년 주에 이르기를, '단수류진(丹水流盡)'은 〔千八女人의 帝가 죽는다. 또 高野女帝가 죽는다. 이는 기요하라(淸原)의 자손이 죽은 것이다. 고로 천명(天命)이라 한다. 운(運)은 오미(近江)의 자손 대납언(大納言)에 이른다. 고로 삼공(三公)은 하나이다 운운.〕

또 이르기를, '단수갈이형주(丹水竭而衡主)'는 〔千八女人의 왕이 죽고 三公이 왕이 된다는 것이다.〕

'형(衡)'은 조법(朝法)이 멸하고 불법(佛法)이 왜를 수호함을 말한다 운운.

또 이르기를, 조법이 멸하니 나라가 따라 망한다는 것이다 운운.

또 이르기를, '망망추위공(茫茫遂爲空)'은 불법이 멸하고 국읍(國邑)이 망한다는 것이다.

나라가 무너지고 황실이 무너지고 끝내 임금이 사라지고 끝내 광야(曠野)가 된다 운운.

123 엔랴쿠 9년은 790년이다.
124 東野治之, 「野馬台讖の延曆九年注」, 大阪大學敎養部, 『硏究集錄 人文・社會科學』 42, 1993.

요약하면 덴무 천황의 혈통이 쇼토쿠 천황(稱德天皇)에서 끊어지고, 더욱이 조법(조정의 법)과 불법이 망하고 나라가 망하여 허허벌판이 된다는 말이다. '기요하라(淸原)'는 '기요미하라 궁(淸御原宮)'인데, 즉 덴무 천황을 가리킨다. 쇼토쿠 천황은 '다카노 여제(高野女帝)'이다. 전체적으로 나라의 쇠망을 예언한 것으로 해석한 것이다.

그다음에는 "삼가 화주(和注)의 뜻을 생각건대"라고 이어진다. '화주(和注)'란 일본에서 붙인 주를 뜻한다. 즉 「엔랴쿠 9년 주」이다. 그 '화주'에 대해 '생각건대'라고 부연한다. 이는 주(注)에 주를 단 소(疏)에 해당한다. 이 소(疏)가 어느 시대 것인지는 알 수 없다. 다만 『엔랴쿠지 호국 연기』는 가마쿠라 시대 말에 성립된 것이므로 그 이전이라고 여겨진다. 내용은 다음과 같다.

삼가 화주(和注)의 뜻을 생각건대, 우리나라의 왕법(王法)은 고닌 천황(光仁天皇) 치세 때 백대에 이어진 맥이 끊겼다고 한다. 쇼토쿠 천황이 붕어하신 후 왕손이 끊겼기 때문에 시라카베(白壁) 왕자를 세웠다. 준삼공(准三公) 일대납언(一大納言)이었다. 개칭하여 계체지군(繼體之君)으로 삼았다. 즉 고닌 천황이다. 간무 천황(桓武天皇)은 고닌 천황의 아들이다. 고닌 천황 이전에는 왕법의 권위에 따라 나라를 보전했다. 고닌 천황 이후에는 불법의 도움으로 나라를 보전했다. 왕법과 불법이 모두 소멸하니 나라가 따라 망하고, 임금이 사라지니 결국 인민도 없어진다. 끝내 광야가 된다는 것은 이 뜻이다.

대강의 뜻은 이러하다. 덴무 천황까지 왕법에 의지했으나 그 혈통이 끊긴 후 고닌 천황 이후에는 불법에 의지하여 나라를 유지했다. 왕법과 불법이 다한 후에는 나라가 멸망할 뿐이다. 이하는 생략했는데, 이러한 이치를 깨달은 간무 천황이 천태종과 진언종을 나라를 진호(鎭護)하는 종교로 삼았다는 내용이 서술된다.

소(疏)까지 같이 보면 「엔랴쿠 9년 주」가 「야마태시」의 끝부분 '단수류진후(丹水流盡後) 천명재삼공(天命在三公) 백왕류필갈(百王流畢竭)'을 덴무 천황의 혈통 단절과 관련시켜 풀이한 것임은 분명하다. '백왕류필갈'은 쇼토쿠 천황의 붕어로 덴무 천황의 혈통이 끊긴 것을 '倭'(千八女人)자에 관련시켜 여제에 의해 끊겼음을 말한 것이라고 납득한다. 그리고 '조법'(뒤의 인용문에서는 '왕법')이 멸하고 덴무 천황 계통의 고닌 천황이 즉위해 '불법'으로 나라를 유지하게 되었으나 '불법'이 멸할 때는 나라도 망한다는 것이 '망망추위공(茫茫遂爲空)'이라는 구절에 예언되었다고 이해한다.

헤이안 시대 호국 불교의 입장에서 본 견강부회적 해석이지만, 「엔랴쿠 9년」을 신뢰한다면 8세기 말에는 그러한 주가 성립했던 것이리라. 엔랴쿠 9년은 가탁한 것일 뿐 신뢰하기 어렵다는 설도 있으나, 주의 내용은 8세기 말에 성립한 것으로 봐도 지장 없다. 10세기 시점에서「야마태시」해석은「엔랴쿠 9년 주」와 같이 덴무 천황의 혈통에서 덴치 천황(天智天皇)의 혈통으로 바뀐 사실을 축으로 한 것이었다고 추정된다.

정본에 인용된 '우리나라 승려 젠코스이의 기'는「야마태시」의 주였다고 생각되나, 도노 하루유키가 지적하듯 그것이 바로「엔랴쿠 9년 주」였을 가능성도 있다. 만약 그렇지 않다 해도 덴무 천황에서 덴치 천황 계통으로 바뀐 혈통의 교체를 핵심으로 한 해석이었음은 분명하다. 그것이 강서에서 야타베노 긴모치가 참고한「야마태시」주였으며, 거기에 '동해희씨국은 왜국의 이름이다'라는 구절이 있었던 것이다.

긴모치 해석의 문제점

정본의 '지금 생각건대'는 야타베노 긴모치가 부연 설명한 것이다. 긴모치의 해석을 검토해보자. 긴모치는 아마테라스가 여신이며 진구 황후가 여제임을 근거로 "이러한 것들에 의거해 희씨국이라 칭한다"고 말한다.

하지만 이로써 '희씨국'이라 부른 이유가 충분히 설명되었다고는 할 수 없다. 그러한 해석이 있었기에「사기」의 전래 과정에서 '동해여국'을 끌어들인 이본정본(『석일본기』) 같은 해석도 나왔다고 이해할 수 있다. 그러나 시조인 여신이나 여제를 거론하는 것은 '여국'의 설명은 될지 모르지만 '희씨국'이라는 유래의 설명은 되지 않는다.

다음에 인용하는 『일본서기찬소』의 세밀한 설명은 이 점을 강하게 의식하고 있다고 생각된다.

다섯째로 희씨국이라 한다. 보지 화상의 참문(讖文)에 나온다. 진서전(晉書傳)에 이르기를, 남녀노소 할 것 없이 모두 얼굴을 검게 칠하고 몸에 문신을 한다(點面文身). 스스로 태백의 후손이라 한다. 희씨는 틀림없이 주나라의 성(姓)이다. 주 대왕(大王)의 장자(長子)인 오태백이 왕위를 양보하고 형만(荊蠻)으로 가서 머리카락을 자르고 문신을 하니, 이로써 용과 뱀의 해(害)를 피했다. 그리하여 오나라는 동해에 가까워졌다. 우리나라 풍속은 모두 얼굴을 검게 칠하고 상투를 튼다. 고로 태백의 후손이라 칭한다. 따라서 나라 이름을 희씨(姬氏)라 한다.

그러나 우리나라의 군신은 모두 천신의 후예이다. 어찌 태백의 후손이라 한단 말인가. 이는 생각건대, 억지로 끌어와 이리 말하는 것인가. 다만 운서(韻書)를 생각하면 희(姬)는 부인의 미칭이다. 아마테라스 신은 시조의 음령(陰靈)이고, 진구 황후는 중흥(中興)의 여주(女主)이다. 때문에 어쩌면 나라 풍속에 따라 희(姬)자를 차용하되, 그 글자는 따르고 뜻은 따르지 않은 것인가.

'일본'의 다른 이름을 13개 항목에 걸쳐 문제 삼은 것 중 다섯 번째이다. 『일본서기찬소』에 의하면, 보지 화상은 먼저 『진서』에 '오(吳) 태백(太伯)'의 자손이라고 하니 주(周)의 성씨인 '희씨'이며, 이에 '희씨의 나라'라 부른다고 했다. 하지만 이는 억측에 지나지 않는다고 단언한다. '나라 풍속'이 아마테라스와 진구 황후를 의식하여 '부인의 미칭'인 희(姬)자의 뜻에 따라,[125] 본디 중국 측에서 쓰이는 성씨의 뜻과 상관없이 차용한 것이리라고 말한다. 즉 '희씨'는 주나라의 성이며 그것은 원래 중국 성씨이지만, 그러한 의미를 버리고 '희'라는 글자만을 빌렸다고 설명하는 것이다.

긴모치가 아마테라스와 진구 황후를 거론하는 것은 여주(女主)의 나라임을 나타낸다고 생각된다. 하지만 그것만으로는 '씨'에 대한 설명을 할 수 없고, '희씨'라는 명칭의 뜻에 대한 설명도 되지 않는다. 『일본서기찬소』가 '차용'이라 한 것은 '희씨국'이 별개로 존재했다고 생각하지 않으면 설명이 완결되지 않는다는 인식에 따른 것이다. 게다가 중국 측 텍스트인 보지 화상의 참문(「야마태시」)에 나오는 명칭이 아마테라스와 진구 황후라는 존재를 근거로 삼았다고 하기에는 무리가 있다는 판단도 당연히 있었을 것이다. 『일본서기찬소』는 긴모치 해석의 불충분하고 무리한 측면을 보완하고 정정한 것이었다.

---

125 '다만 운서(韻書)를 생각하면'에서 '운서'란 『고금운회거요(古今韻會擧要)』를 가리킨다.

긴모치가 볼 수 있었던 중국의 정사에는 '왜의 여왕' 기사는 있지만, 아마테라스나 진구 황후의 이름은 등장하지 않는다. 그는 당연히 잘 알고 있었을 것이다. 그럼에도 불구하고 그는 중국의 텍스트인 「야마태시」가 아마테라스와 진구 황후라는 여신과 여제에 근거해 '희씨국'이라 칭했다고, '씨'에 대한 설명도 하지 않은 채 답하고 끝내버린다. 그것을 합리화하려 한 것이 『일본서기찬소』였다.

다만 긴모치의 입장에 서서 그 해석의 문제성을 더 생각해볼 필요가 있다. 그가 그러한 억지를 자각하지 못했으리라고는 생각되지 않는다. 그가 일부러 방향을 틀었다고 생각해야 하지 않을까.

'희씨'라 하는 것

'희씨'는 『일본서기찬소』가 말한 대로 스스로 '오 태백의 후손'이라 칭했다는 기사와 관련이 있다. 『일본서기찬소』는 『진서』를 인용한다. 그러나 그것은 『한원』에 인용된 『위략』에도 이미 보인다.[126]

> 그 나라 풍속에 남자는 모두 검게 문신을 한다. 구전에 따르면 스스로를 태백의 후예라 한다. 옛날 하후 소강(夏后小康)의 아들이 회계(會稽)로 가게 되어 머리카락을 자르고 문신을 하니 이로써 교룡(蛟

---

126 『태평어람』에 인용된 『위지』도 같다.

龍)의 해를 피했다. 지금의 왜인 역시 문신을 함으로써 수해를 막는다.(『한원』에 인용된 『위략』)

그 나라 풍속에 남자는 어른아이 할 것 없이 모두 얼굴을 검게 칠하고 몸에 문신을 한다(點面文身). 구전에 따르면 스스로를 태백의 후예라 한다.(『태평어람』에 인용된 『위지』)

왜는 문신을 하는 습속이 있고 자칭 오 태백의 후손이라 한다는 것이다. 게다가 『위략』은 그 문신의 습속이 월(越)의 시조 하후 소강의 아들[127]이 회계 땅으로 가게 되어 문신을 했다는 기사와 대응한다고 본다. 다만 『위략』의 문맥만 보면 '태백'이 오나라 시조라는 것과 '하후 소강의 아들'이 월나라 시조라는 것이 어떻게 관련되는지 납득하기 어렵다.

현행 『위지』에는 다음과 같은 대목이 있는데, 스스로 '오 태백의 후예'라 칭했다는 내용은 보이지 않는다.

남자는 어른아이 할 것 없이 모두 경면문신(黥面文身)을 하고 자고 이래로 그 사신이 중국에 이르러 모두 스스로를 대부(大夫)라 칭한

127   『사기(史記)』「월왕구천세가(越王句踐世家)」.

다. 하후 소강의 아들이 회계에 봉(封)해져 단발문신(斷髮文身)을 함으로써 교룡의 해를 피했다. 지금 왜(倭)의 수인(水人)은 바다에 들어가 물고기와 조개를 즐겨 잡는다. 또 문신을 함으로써 대어수금(大魚水禽)을 물리친다. 후에 점차 장식이 되어 여러 나라의 문신이 달라지니, 혹은 왼쪽에 혹은 오른쪽에 혹은 크게 혹은 작게 하여 존비(尊卑)에 차별을 두었다. 그 위치를 헤아리건대, 마땅히 회계 동야(東冶)의 동쪽이다.

여기에는 문신을 하는 풍속의 공통점을 회계에 봉해졌던 '하후 소강의 아들', 즉 월의 시조와 연관 짓는 점이 보일 뿐이다.

반면 『진서』에는 '태백의 후예'와 '하후 소강의 아들'의 관계가 나름 이해하기 쉽게 쓰여 있다.

남자는 어른아이 할 것 없이 모두 경면문신(黥面文身)을 하고 스스로 태백의 후예라 한다. 또 말하기를, 상고에 사신이 중국에 이르러 모두 스스로를 대부(大夫)라 칭한다. 하나라 소강의 아들이 회계에 봉(封)해져 단발문신(斷髮文身)을 함으로써 교룡의 해를 피했다. 지금 왜인(倭人)은 즐겨 바다에 들어가 물고기를 잡는다. 또 문신을 함으로써 수금(水禽)을 물리친다. 그 위치를 헤아리건대, 마땅히 회계 동야의 동쪽이다.

'스스로 태백의 후예라 한다'에서 일단 문장이 끊어진다. 그 뒤는 '마땅히 회계 동야의 동쪽이다'까지 다소 간략하기는 하나 『위지』와 거의 동일하다. 즉 오나라와는 '경면문신'의 풍속으로 연관성이 있어 '오 태백'의 후손이라 자칭한다고 한다. 또한 월나라와는 풍속과 지리 면에서 연관성이 인정된다는 것이다.

'오 태백의 후예'를 근거로 주나라 성씨인 희(姬)에 의해 '희씨국'이라 하는 것이 성립된다. 게다가 오나라와 월나라는 인접해 있다. 월나라와의 위치관계에서 '회계 동야의 동쪽'이라 함은 동해 건너편에 있다는 것이나 다름없다. '희씨'와 '동해'가 연결되는 근거가 바로 거기에 있었다.

'동해희씨국'의 성립과 명칭의 뜻은 이와 같은 것이었다. 야타베노 긴모치도 이러한 점을 충분히 알고 있었다고 생각된다. 『진서』의 전래와 수용은 말할 필요도 없지만, 『한원』도 전래되어 『비부략』에 인용되기도 했다. 『태평어람』과 많은 부분이 겹친다고 추정되는 『수문전어람』도 전래되었다. '왜'가 '오 태백의 후예'라 자칭했다는 기사에는 어떤 문헌을 통해서든 접근할 수 있었다고 봐도 좋을 것이다.

그럼에도 불구하고 정본에 나타난 긴모치의 설명은 핵심을 완전히 벗어나 있다. 그것은 의도적인 것이 아닐까. 긴모치는 당시 알려진 '동해희씨국'을 언급할 수밖에 없었는데, '동해'에 관한 언급을 일부러 피하고 '희씨국'을 기왕의 당연한 이해와는 다른 방향으로 설명한 것이 아닐까.

긴모치의 의도

중국에서 부르는 다양한 명칭이 자신들에게 내재하는 것에서 비롯되어 정립되었음을 확인하기 위해, 조혜이 강서에서는 "왜노국이라는 말은 그들의 땅에 도착한 사신이 국명은 무엇인가라는 질문에 동쪽을 가리키며 와누코쿠라 답한 것에 의한다"라고 했다.[128] 또한 야마태·야마퇴·야미퇴는 모두 '야마토'의 음을 취한 것임에 틀림없다고 했다.

아마테라스 여신을 시조로 하고 여제를 모셨다는 점에서 희(姬)자를 붙여 '희씨국'이라 부른다는 해석도 『일본서기』의 황통 계보와 역사에 의거해 자기정체성을 확인한 것이다. 거기에는 중국에서 도래한 후예의 나라인 까닭에 붙은 명칭이라는 '희씨국'에 대한 이해, 즉 당시 유포되어 있던 당연한 이해를 거부하려는 의도가 있었다고 봐야 한다.

그 거부 자체가 자기정체성을 확인하려는 태도를 나타내는 것이다. 중국 땅에서 도래한 자들이 세운 나라라는 설은 터무니없다고 하면 그만이나, 그 설을 특별히 언급하며 부정하는 데 방향성이 보

---

128 『신황정통기』의 '와코쿠(わ國)'설은 그 변형이다. 이 책 제7장 제1절 참조.

인다. '동해희씨국'은 당시 잘 알려져 있었던 만큼 거론할 수밖에 없었다. 어디까지나 고유의 시원을 추구하여 무리해서라도 명칭의 유래를 아마테라스 여신에서 구하려 한 것이다.

이것이 내포하는 것은 '야마토'에 의한 자기정체성을 확인하는 것(제5장)이나 '일본'의 변주를 지향하는 것(제6장)과 궤를 같이한다.

자기정체성 확인의 동력, '오 태백 후예'설

그러나 문제는 헤이안 시대에 그치지 않는다. 중세에도 '동해희씨국'을 둘러싼 「야마태시」와 그 주해는 자기정체성의 확인과 연관된다. 앞서 살펴본 바와 같이 「가행시」 주에 "우리나라는 후직(后稷)[129]의 후손이다. 따라서 희씨국이라 한다"라는 주가 '동해희씨국'에 달려 있다. 『일본서기찬소』가 말하는 것처럼 당연히 『진서』의 '오 태백의 후예'와 관련 지어 수용된 것이다.

다만 '오 태백의 후예'라고 대놓고 말하지는 않는다. 형만(荊蠻)[130]의 풍속을 지닌 나라라거나 또는 야만인처럼 이야기되는 것을 피해, 후직으로써 주 왕조와의 관련성을 전면에 내세운 것이라 생각된다. 그렇다 해도 「야마태시」의 주석은 스스로를 외부에서 왔다고 규정

---

129 주 왕조 희씨 성의 선조. 중국에서는 농업의 신으로 모셔진다.─옮긴이 주
130 춘추 시대부터 장강 중류에 사는 원주민을 멸시하여 일컫는 말.─옮긴이 주

하는 단서로 작용한다. 그 주장이 극히 자극적이었음은 다음과 같은
격한 부정을 보면 알 수 있다.

> 엔게쓰 화상이 일본기를 지었는데 일본은 오 태백의 후예라는 설을
> 주장했으나 거센 비판으로 세상에 인정받지 못했다.

도겐 즈이센(桃源瑞仙)『사기초(史記抄)』[131]가 말하는 주간 엔게쓰(中
巖円月) 사건이다.[132] 엔게쓰가 지은 『자력보(自歷譜)』[133] 랴쿠오(曆應) 4
년(1341) 기사에 "두문이 등곡에서 일본서를 엮었다(杜門於藤谷, 修日本
書)"라고 기술되어 있는 것이 그에 해당한다.
『신황정통기』에는 다음과 같이 기술되어 있다.

> 다른 나라 일서(一書) 중에 '일본은 오 태백의 후예라 한다'라고 되어
> 있다. 말도 안 된다.… 천신과 지신의 후손인데 어찌하여 한참 후대
> 인 오 태백의 후손이겠는가.

---

131 『抄物資料集成』 1, 淸文堂出版, 1971.
132 남북조 시대 가마쿠라 출신 승려인 주간 엔게쓰가 『일본기』라는 주석서를 저술하여 조정
　　에 바쳤는데, 오 태백 후예설을 지지했다 하여 처벌당한 사건을 말한다.─옮긴이 주
133 『五山文學新集』 4, 東京大學出版會, 1970.

앞의 사건과 『신황정통기』의 성립은 선후가 미묘하지만, 양자는 조응하는 점이 있다. 이들처럼 스스로에게 내재하는 근거를 지향하는 입장에서는 '오 태백 후예'설, 즉 「야마태시」와 그 주해의 유포가 『진서』의 설과 결부되어 유포된 것을 비판(상대화)하면서 자기정체성을 확인해야만 했다. 『일본서기찬소』가 희(姬)자는 부인의 미칭이라는 뜻에 의거해서 아마테라스 여신과 진구 황후를 무리하게 연결시킨 것은 이러한 '일본'의 변주와 같은 맥락이라고 할 수 있다.

근세 이후 '오 태백 후예'설은 예컨대 『가행시언해』에서 "가장 황당무계하고 견강부회한 설로 믿을 수 없다"라고 비웃음을 산다. 그러나 역사 속에서 '동해희씨국' 담론 자체보다는 그에 대한 반발이 천신의 후예라는 자기정체성 확인을 위한 동력으로 작용했다. 이 점에 좀 더 주목하고 싶다.

3. '동남대해중'에서 '동해중'으로

'동해희씨국'과 관련하여 한 가지 더 주의할 점이 있다. 그것은 중국이 이 나라를 가리킬 때 '동해중'이라 위치 짓는 것에 대해서이다.

'동남대해중': 기점은 한반도

중국 정사에는 '왜', '일본'의 위치가 어떻게 나타나 있을까. 오래된 문헌부터 『당서』까지 살펴보면 다음과 같다.

낙랑의 해중(海中)에 왜인이 있다.(『한서』)

대방의 동남대해(東南大海) 중에 있다.(『위지』, 『위략』, 『진서』)

한(韓)의 동남대해 중에 있다.(『후한서』)

고려의 동남대해 중에 있다.(『송서』)

백제 · 신라의 동남에 있다. 수륙 삼천리 대해 중 산도(山島)에 거주한다.(『수서』)

신라의 동남대해 중에 있다.(『구당서』)

신라의 동남 정방향으로 해중에 있다.(『신당서』)

　낙랑, 대방, 한, 고려, 백제, 신라로 시대 상황에 따라 부르는 국명
은 다르지만 모두 한반도를 기점으로 한다. 그 동남쪽 대해 중에 있
다는 것이 고대 중국 정사에서의 일관된 서술이다. 그것은 '동해중'
이라는 것과는 별개라고 봐야 한다.

　단 강서에서는 「고닌 사기 서」가 "대당에서 동쪽으로 만여 리", 엔
기 연간의 「박사 하루미 기」가 "대당 낙랑군에서 동쪽으로 15만 2천
리", 이본정본도 "일본은 대당의 동쪽에 있다"라고 한다. '동남'이 아
니라 '동'이라고 한 것은 일본 측의 문제였을까. 예를 들면 『산해경』
곽박 주에는 "왜국은 대방 동쪽 대해 안에 있다"라고 쓰여 있다. 그것
이 '동남'의 오탈자가 아니라면 단순히 일본 측의 문제는 아니리라.

'동해중' : 기점은 회계

　중국 측의 규정에 따르면 '동남대해중'과 '동해중'은 원래 다른 것
이었다. '동해중'이라 할 때는 기점이 달랐다.

　'동해'에 입각하여 말하자면, 양웅의 「해조(解嘲)」(『문선』 권45)에서
는 한(漢)의 판도(版圖)를 나타내는데, "지금 대한(大漢)은 왼쪽으로 동
해, 오른쪽으로 거수(渠搜), 앞쪽으로 번우(番禺), 뒤쪽으로 초도(椒塗)
가 있다"라고 한다. '거수', '번우', '초도'는 지명이며, '동해'와 함께 그

곳에까지 이르는 한의 판도가 광활함을 일컫는다. '동해'에는 "응초(應劭)가 말하길, 회계(會稽)의 동쪽 바다이다"라고 주가 달려 있다. 바로 이것이 고대 중국의 제국적 세계상에서 '동해'의 의미였다.

'동해'와 '왜'가 결부되는 것은 '왜'의 위치를 한반도 동남쪽 해중에 있다는 것과 병존하는 형태로, "회계 동야의 동쪽에 있다"(『후한서』, 『위지』), "회계의 동쪽에 있다"(『수서』, 『양서』)라고 쓰여 있는 데서 확인할 수 있다. 다만 살펴본 바와 같이 회계의 동쪽에 있다는 말은 원래 월나라와의 관계에서 나온 것이며, 이는 오랑캐나라 사이의 관계를 말한다. 『절운』계통의 자전에는 "동해중 여왕국(東海中女王國)"(육법언), "동해여국(東海女國)"(무현지), "동해중 일본국(東海中日本國)"(손면)이라는 표현이 있는데, '왜'와 '일본'을 가리키는 말로 '동해'라는 어구가 일반화한 것이다.[134]

요컨대 육조 시대에서 당나라 초기까지 중국에서는 '왜'가 '동해중'에 있다고 생각되었다. 그 후 오대 송나라 초기 『의초육첩(義楚六帖)』의 "일본국의 다른 이름은 왜국이고 동해중(에 있다)", 『원사(元史)』의 "일본국은 동해의 동쪽에 있다"라는 것으로 정착되어 간다.

'동해희씨국'은 양나라 때 명칭인데, '동남대해중'에서 '동해중'으로 중국 측의 규정이 변해가는 흐름 속에 있는 것으로 봐야 할 것이다.

134 이 책 제3장 제1절 참조.

제 **8** 장

근대의 '일본'

1. 노리나가를 둘러싸고
2. 근대 국가와 '일본'
3. 국정교과서 속 '일본'

1. 노리나가를 둘러싸고

고유어의 문화세계

헤이안 시대부터 중세에 걸쳐 '일본'을 자신들 내부의 것으로 규정하여 자기정체성을 확인하려는 움직임 속에서 '일신의 나라'설, 나아가 '대일여래의 본국'설이 생겨나 정착했다.[135]

그것이 근세에 들어 다시 전환점을 맞는다. 이는 세계 속에서 스스로를 파악하는 문제와 연관된다. 보편적 세계가 아니라 독자적 고유어의 문화세계로 보려는 흐름 속에서 불교적 세계상은 의미를 잃는다. 그리고 신화의 재해석 과정에서 호칭, 즉 고어에 의한 호칭에도 새로운 의미가 부여된다.

『이소노카미 사사메고토』

그 문제는 모토오리 노리나가의 『이소노카미 사사메고토(石上私淑

---

135 이 책 제6장 참조.

言)』[136]와 『국호고』[137]에 잘 드러나 있다. 『이소노카미 사사메고토』는 호레키(寶曆) 13년(1763)에 성립했는데, 미완의 저술로 노리나가 생전에는 간행되지 않았다.[138] '모노노아와레'설로 유명한 와카론이 중심이다. 당시 그의 나이 34세로 젊은 시절의 저작이지만, 그의 생애를 관통하는 모티프를 확실히 살펴볼 수 있는 부분이 있다.

제2권(간행본에서는 하권)은 '야마토우타(和歌)'에 대한 문답으로 시작한다. 이 책은 문답을 주고받는 형식을 취하는데, 논점을 묻는 식으로 설정한 것일 뿐, 실제 이루어진 문답은 아니다. '야마토우타'란 고어가 아니라 한시와 구별하기 위한 말로서, 그저 '우타'라 함이 마땅하다는 주장으로 시작한다. 노리나가는 『고킨와카슈』가나 서문의 첫머리에 나오는 "야마토우타는 어떤 마음 하나를 씨앗으로 삼아 수많은 말로 나타내는 것이다"라는 구절을 끌어와 와카에 대해 논한 주석의 전통을 불식시키려 했다. "대화가(大和歌)라 쓰고 노래는 크게(大) 마음을 누그러뜨리는(和) 것이므로 화(和)를 노래의 중심이라고 하는 설은 논할 가치가 없다"고 하는 대목에 명백히 드러난다.

『고킨와카슈』서문에 대한 중세의 여러 주석에서는 '대화가(大和歌)'의 '대화(大和)'를 '크게 누그러지다'라는 의미로 풀이한다. 즉 인도

---

136 『本居宣長全集』 2, 筑摩書房, 1968.
137 『本居宣長全集』 8, 筑摩書房, 1972.
138 노리나가의 사후 분카(文化) 13년(1816)에 3권 중 1, 2권이 상하권으로 간행되었다.

의 다라니를 푼 것이 중국의 한시이고, 그 한시를 푼 것이 와카라는 설이 널리 퍼졌다. 더하여 '야마토' 등의 국명에 대한 논의도 널리 퍼졌다. 인도·중국·일본은 각각 하나의 세계라는 세계관이 이러한 설의 기저에 자리하고 있음은 말할 필요도 없다.

이에 대해 노리나가는 "예로부터 여러 설이 있다. 상세히 알려 달라"라는 질문을 설정하고, 그러한 논의를 하나하나 반추한다. 국호에 대한 비판은 제2권의 거의 4할을 차지한다. 이는 일견 와카론의 본줄기에서 벗어난 듯 보이지만, 『고킨와카슈』 서문 주석을 의식하여 그리 된 것이다. 『고킨와카슈』 서문 주석을 둘러싼 과도한 언설에 대항하고 그러한 생각을 불식시키기 위해서는 이 정도 분량이 필요했으리라고 봐야 한다. 중세적 사고로부터의 탈각이라 해도 좋다.

노리나가의 논의를 따라가 보면, '야마토'는 일국의 명칭이자 '천하의 총칭'이라는 점, '야마토'의 의미, '야마토'의 표기(倭·和), 그리고 '일본'론으로 전개된다. '일본'에 대해 말하자면, 다른 나라에 보이기 위해 일부러 후대에 만든 것이라는 의견으로 시작해서 그 이름의 의미(일신의 나라라서 붙여진 이름), '히노모토'는 고어가 아니라는 점, '야마토'라는 말에 '日本'이라는 한자를 사용하는 점에 관해 6개의 문답을 거듭하며 논의한다. 그러나 '일본'론은 '야마토'론에 부수하는 것으로 취급하고 있는 점은 확실하다.

노리나가는 와카를 자신들 문화의 문제로 보고 한시와 대비하여 파악한다. 그리고 다음과 같이 와카의 본질은 꾸밈없이 인간으로서 마땅히 가져야 할 마음을 실현하는 데 있다는 결말에 다다른다.

> 세상의 모든 일에 접하여 그 정취와 마음을 이해하고 기뻐해야 하는 일에는 기쁨을 느끼며, 흥겨워해야 하는 일에는 흥겨움을 느끼며, 슬퍼해야 하는 일에는 슬픔을 느끼며, 그리워해야 하는 일에는 그리움을 느끼는 등, 그때그때 마음이 움직이는 것이 '모노노아와레'를 아는 것이다. 반면 별 감흥 없이 마음이 움직이지 않는 것은 '모노노아와레'를 모르는 것이다. 그래서 '모노노아와레'를 아는 사람을 마음이 있는 사람, '모노노아와레'를 모르는 사람을 마음이 없는 사람이라고 한다.

요컨대 기쁘고 흥겹고 슬프고 그리운 감정을 당연히 느끼는 것이 '모노노아와레를 아는 것'이며, 거기서 노래는 절로 생겨난다. "노래는 모노노아와레를 아는 것에서 생겨나는 것"이다.

'모노노아와레를 아는 것'은 사람으로서 응당 그러해야 할 모습이며, 그렇지 않으면 '마음이 없는 사람'이라고 단언한다. 모모카와 다카히토가 갈파한 대로, '모노노아와레'는 그야말로 윤리인 것이다.[139]

---

139 百川敬仁, 『内なる宣長』, 東京大學出版會, 1987.

와카는 '모노노아와레'를 실현하는 장(場)이다. 그리고 본디 "인간의 마음이 가는 곳은 어디나 마찬가지"라고 보면, 한시도 "마음가짐은 우리나라의 노래와 조금도 다를 바 없다"고 인정하는 것이기도 했다. 원래 사람 마음은 어디나 같고 그처럼 절로 우러난 감동에 기반한 것이라는 점에서, 한시도 와카도 다를 바 없다. 다만 차이는 와카가 그 본연의 모습을 잃지 않은 점이라고 한다.

> 여태껏 읊어온 와카도 자연히 그 마음이다. 한시처럼 똑똑한 체하는 성질은 전혀 섞이지 않았다. 말하는 바의 마음은 신대도 지금도 똑같다. 한시처럼 과장된 구석은 조금도 없다. 만엽집의 노래도 지금의 노래도 대체로 마음은 거의 바뀌지 않았다. 따라서 가도(歌道)만이 지금도 여전히 신대(神代)의 마음을 잃지 않고 있다고 말하는 것이다.

대강의 뜻은 이러하다. 현재에 이르기까지 와카는 원래의 마음 그대로이며 한시처럼 잘난 체 하는 법이 없다. 노래하는 마음은 신대나 지금이나 똑같다. 한시처럼 호들갑스럽게 읊지 않으니, 『만엽집』의 노래나 지금의 노래나 마음은 변함없다. 그렇기에 노래는 지금도 신국(神國)의 모습을 잃지 않았다고 할 수 있다.

이른바 인간으로서의 보편성을 선험적 차원에서 자신들이 그 보편적 인간으로서 마땅히 지녀야 할 모습을 실현하는 장을 견지해왔다는 것이다. 그것이 고유어의 세계에 내재하는 노래에 대한 확신이었다. 그 확신은 '똑똑한 체하며 호들갑스러운' 한시를 와카의 대척점에 둠으로써, 더 정확히는 한시에 그러한 성격을 부여함으로써 가능했다. '한시'를 발견함으로써, 즉 '한시'의 성격을 새롭게 규정함으로써 자신들의 와카를 발견한 것이다. 핵심은 와카를 통해 중국과는 다른 자신들의 고유한 문화세계를 보는 것이다. 이로써 중세에 이루어진 국호 담론의 불교적 세계상이 불식되었다.

『국호고』

『국호고』는 덴메이(天明) 7년(1787)에 간행되었다. 내부의 표제를 순서대로 보면 「오호야시마쿠니(大八嶋國)」, 「아시하라노 나카쓰쿠니(葦原中國)」, 「야마토(夜麻登)」, 「왜(倭)라는 글자」, 「화(和)라는 글자」, 「일본(日本)」, 「도요(豊) 또는 오호(大)라는 수사」이다. 이로써 구성은 충분히 짐작할 수 있다. 즉 『이소노카미 사사메고토』의 논의를 재구성한 것이다. 다만 '일본(日本)'에 대한 해석은 『이소노카미 사사메고토』와 차이가 있다. 『이소노카미 사사메고토』에서는 일신(日神)이 태어난 나라라는 뜻으로 보고 있지만, 여기서는 해 뜨는 방향이라는 뜻으로 파악한다. 입장을 바꾼 것이다.[140] 그 이유는 "그 당시

---

140 이에 대해서는 이 책 제6장 제2절에서 서술했다.

모든 정황을 생각건대"라고 말할 뿐인데, 결국 '일신의 나라'설은 확증을 찾을 수 없다는 결론에 이른 것이다.

국학자 중에는 '일신의 나라'를 기축으로, 신화적 호칭(오호야시마쿠니, 아시하라노 나카쓰쿠니, 도요아시하라노 미즈호노쿠니)과 협의・광의의 '야마토'(일국으로서의 야마토와 총칭으로서의 야마토)를 정합적으로 짜맞추려는 시도도 있었다. 다마키 마사히데(玉木正英)의 『신대권 조염초(神代卷藻塩草)』(1739) 같은 예가 그러하다.

> 대일본(大日本)은 지금의 야마토 국(大和國)의 본래 명칭이다. 대(大)는 수사이다. 일신의 도읍이 야마토의 다카이치(高市)에 있기 때문에 일신의 본국이라는 뜻으로 이 글자를 사용한 것이다. 후세에 이르러 오호야시마(大八洲)의 총칭이 되었다. 참으로 야시마(八洲)는 일신의 본국이기 때문이다.

여기에서는 야마토(大和)에 있는 다카마(高天)를 고천원(高天原)과 관련지어 '야마토', 즉 '일신의 본국', 즉 '일본'으로, 일국의 명칭이 천하의 총칭이 된 이유를 정합적으로 설명하려 한다. 그렇지만 노리나가가 보기에 그것은 처음부터 무리가 있는 주장이었다. "그 당시 모든 정황을 생각건대"라고 한 것은 이 점과 관련된 것이리라. 이와 같은 수정이 있기는 했으나, 노리나가는 『국호고』에서 『이소노카미 사사메고토』를 재구성해서 대략 다음과 같은 논의를 전개한다.

신대 이래 천하의 총칭은 '오호야시마쿠니(大八嶋國)'와 '아시하라노 나카쓰쿠니(葦原中國)'이다.[141] 후대에 이르러 진무 천황 이래 도읍 이었던 곳의 이름인 '야마토'가 천하의 큰 이름이 된 것이다. '왜'는 중 국에서 붙인 이름인데, 이를 그대로 '야마토'로 대용하고 나중에 '화 (和)'로 변경했다. '일본'은 고토쿠 천황(孝德天皇) 때 다른 나라에 보 이려 일부러 만든 호칭이며, 서쪽 여러 나라에서 보면 해 뜨는 방향 에 해당한다는 의미에서 붙여진 것이다. '야마토'에 '일본'이라는 글 자를 사용한 것은 일본서기에서 시작되었다.

여기서 '일본'은 제쳐두고 '야마토'를 기축으로 삼는 그의 입장은 확실하다. 그는 '山跡=야마토'설을 "글자에 입각해 추측한 망설"이라 일축한다. 그러면서 "이 나라는 사방 모두 산문(山門)으로 출입했기 에 산문국(山門國)이라는 이름을 갖게 되었다"[142]라고 한 가모노 마부 치(賀茂眞淵)의 설과, 다음의 세 가지 자신의 설을 나란히 제시한다.

---

141 '오호야시마쿠니'는 "이 나라에서 부르는 이름", '아시하라노 나카쓰쿠니'는 "고천원(高天 原)에서 부르는 이름"이라고 구별한다.
142 야마토 국(大和國)은 사방이 산이기 때문에 산과 산 사이로 들어간다는 뜻이다.

(1) '토(と)'는 '處'로, "산이 있는 곳(山處)의 뜻이다."

(2) '토(と)'는 '쓰호(つほ)'가 축약된 것이다. '호(ほ)'는 "사물에 둘러싸여 틀어박힌 곳을 말하는 옛말"이니, 즉 "산으로 둘러싸인 연유에 따라 붙인 이름이다."

(3) '우쓰(うつ, 内)'의 '우(う)'를 생략한 것으로 '쓰(つ)'는 '토(と)'와 통한다. "겹겹이 푸른 울타리 산중에 있다(靑牆山籠れる, 아오가키 야마고모레루)라는 것과 아름다운 울타리 속 나라(玉牆内國, 다마가키노 우쓰쿠니)를 함께 생각하여 야마토 국(山内國)이라 이름 붙였음을 알아야 한다."

　　노리나가는 '야마토'라는 명칭을 신화와 연관 짓지 않는다. '야마토' 어원설의 옳고 그름에 대한 평가는 보류하겠다. 다만 자칭으로 보기는 했으나 '일본'이라는 명칭에 자신들 나라의 가치에 대한 확신을 구할 수 없음이 노리나가에 의해 드러났다는 점에 주목하고 싶다.

　　이러한 시각의 연장선상에서 근대의 '일본'론을 볼 수 있다.

2. 근대 국가와 '일본'

근대 국가는 민족(국민)의 문화적 근원을 추구하며 고유의 문화를 통해 국민적 일체성을 확신하려 한다. '국어'나 문학사는 그러한 흐름 속에 있다. 국민적 결합을 이루게 하는 언어(국어)로서 일본어의 의의를 확인하고, 일본어의 보존에서 일체성을 찾는다. 그것을 역사적으로 확인하는 실천적 과제로 문학사가 요청된 점, 또한 『고사기』 신화가 민족과 국민의 문화적 근원으로 자리매김한 점에 대해서는 졸저 『고사기와 일본서기』에서 서술한 바이다. 그러나 거기에서 '일본'이라는 이름이 어떠한 역할을 부여 받는 일은 없었다. 혹은 부여 받을 수 없었다. 즉 근대 국가의 문제로 국민적 일체성을 담보하기 위해 '일본'이라는 국호 언설이 형성되는 일은 없었던 것이다.

『제국헌법 황실전범 의해』

이를 단적으로 드러내는 것이 『제국헌법 황실전범 의해』(이하 『의

해』로 약칭)[143]이다. 대일본제국헌법 제1조는 "대일본제국은 만세일계
의 천황이 통치한다"이다. 국체(國體)에 대한 규정이자 '대일본제국'
이라는 국호를 규정하는 것이기도 하다. 그러나 이 국호에 대해 『의
해』는 아무런 해설도 하지 않는다. 『의해』는 오로지 '만세일계의 천
황이 통치한다'라는 구절에 대해 다음과 같이 설명할 뿐이다.

삼가 짐작건대, 신조(神祖)가 개국한 이래 때로 치란흥망(治亂興亡)
이 있었지만, 황통일계(皇統一系) 보위의 번영은 천지와 더불어 무
궁하다. 본 조항의 서두에 나라를 세운 대의를 밝힌 바, 일본제국은
일계의 황통과 시종 함께하며 고금을 막론하고 영원히 유일무이하
며 변함없다. 그로써 군민(君民)의 관계를 만세(萬歲)에 드러낸다.

이 조항의 후반부는 다음과 같다.

우리 제국의 판도(版圖)를 상고에 오호야시마(大八島)라 함은 아와
지시마(淡路島) 즉 지금의 아와지, 아키즈시마(秋津島) 즉 혼슈, 이
요노 후타나시마(伊豫二名島) 즉 시코쿠, 쓰쿠시시마(筑紫島) 즉 규
슈, 이키노시마(壹岐島) 및 쓰시마(津島) 즉 쓰시마(對馬), 오키노시

---

143 『帝國憲法皇室典範義解』, 國家學會, 1889. 제국헌법의 공적 주석에 준하는 해설서이다.

마(隱岐島)와 사도노시마(佐渡島)를 가리킨다고 고전에 실려 있다. 게이코 천황(景行天皇) 때 동쪽으로 에조(蝦夷)를 정벌하고, 서쪽으로 구마소(熊襲)를 평정해 강토를 크게 넓혔다. 스이코 천황 때 180여 개 지방에 국조(國造)를 파견했다. 엔기시키(延喜式)에 이르러 66개국 및 두 개 섬의 구획을 더했다. 메이지 원년 무쓰 국(陸奧國)과 데와 국(出羽國)을 7국으로 나누었다. 메이지 2년 홋카이도에 11국을 두었다. 이리하여 전국을 합해 84국이 되었다. 현재 강토는 상고의 이른바 오호야시마, 엔기시키 66국 및 각 섬, 그리고 홋카이도와 오키나와 제도 및 오가사와라 제도이다. 무릇 국토와 인민은 나라를 이루는 본질이니, 일정한 강토로 일정한 국가를 이루고 그 안에서 일정한 헌장(憲章)을 행한다. 때문에 일국은 일개인과 같고 일국의 강토는 일개인의 신체와 같다. 그로써 통일된 완전한 판도를 이룬다.

판도(版圖), 즉 국토에 대해 신화적·역사적으로 확인할 뿐이다. 이것이 바로 '대일본제국'에 관한 해설이다.

『제실제도사』

다음으로 제국학사원(帝國學士院)에서 편찬한 『제실제도사(帝室制度史)』에 대해 살펴보자. 그 편자와 서명에서 짐작되듯이 쇼와(昭和) 전전기(戰前期)인 1920년대 중후반의 '국체'론을 학술적으로 집약한 것이라 할 수 있다. 제1편 「천황」 전 6권은 1945년에 간행되었다.[144] 제1·2권은 제1장 「국체」, 제3·4권은 제2장 「황위계승」, 제5권은 제3장 「신기(神器)」, 제6권은 제4장 「칭호」이다. 제1장은 제1절 「국체 총설」(제1권)과 제2절 「국체의 정화(精華)」(제2권)로 구성되어 있는데, 당연히 국호는 「국체 총설」에서 언급되어야 하는 것이다. 제1절 「국체 총설」의 목차를 보면 제1 국체의 어의(語義), 제2 국체의 연원(淵源), 제3 국체의 본의, 제4 국체의 존엄, 제5 천황과 국토, 제6 천황과 신민이다. 제5에 국호가 언급되는데, 그 개괄부는 다음과 같다.

우리 대일본의 국토는 고전에 나온 바와 같이, 황조 아마테라스 신이 나의 자손만이 왕이 될 땅이라 선언하시며 황손(皇孫)을 강림하게 한 곳이기 때문에 마땅히 황조의 자손인 천황이 통치하셔야 하는 곳이다. 태고에 이미 부동의 국체를 이루었다.

또한 다음의 내용이 이어진다.

우리 국토를 일본이라 부르는 것의 기원에 대해서는 여러 설이 있으나 하나로 귀결되지 않는다. 일본서기사기 조헤이 강서 및 석일본기

---

144 제1권은 1937년, 제2권은 1938년, 해럴드사에서 간행.

에서는 그 기원을 외국에서 전해진 것으로 여긴다. 신황정통기 및 이치조 가네요시의 일본서기찬소에서는 해 뜨는 곳에 가깝기 때문에 '日本'이라는 한자를 쓴 것이라 한다. 모토오리 노리나가는 국호고에서 고토쿠 천황 때 다른 나라에 알리기 위해 새로 만든 이름이라 한다. 반 노부토모는 중외경위전에서 고대 한반도에서 칭한 것이라 한다. 추측컨대 우리의 국호로 '日本'이라는 글자를 사용한 것은 아득히 먼 상고 시대라 하겠으나, 언제부터 쓰기 시작했는지는 현재로서 상세히 알 수 없다.

나아가 신화적 호칭에서 '동해희씨국' 등에 이르기까지 여러 호칭이 있음을 열거하고, 각각의 근거 자료를 제시하는 데 그친다. 바꿔 말하면 '일본'에 관해서는 정설이 만들어지지 않은 것이다. '국호'설이 '국체'론 이데올로기 안에서 다루어지고 있지 않음은 명백하다.

『국체의 본의』

근대 천황제 국가의 '국체'론을 집대성한 『국체의 본의』에도 주목해보자.[145] 근대 천황제 국가의 이데올로기가 공공연하게, 또 명확하게 드러난다. 서언에 "메이지 이후 지나치게 급격히 다종다양한 구

---

145 『國體の本義』, 文部省, 1937.

미의 문물, 제도, 학술을 받아들였기 때문에 자칫 근본을 잊고 말단으로 치달아온" 것을 반성하며, "실로 우리나라 독자적 입장으로 돌아가 만고불변의 국체를 천명하고 구미를 추종하는 것을 일체 배제하여 본모습을 잘 드러내야" 한다고 주장한다.

본문은 「제1 대일본국체」와 「제2 국사에서 국체의 현현」으로 2부 구성을 취한다. 제1부는 '국체'의 원리적 근거를 명확히 하고, 제2부는 그 근거를 역사 속에서 확인하는 것이다. 제1부는 「건국」에 대한 설명으로 시작하여, 만세일계의 천황이 통치하는 '영원불변의 대본(大本)'인 '국체'를 신화적 근거를 들어 확신하려고 한다. 이하 「성덕(聖德)」, 「신절(臣節)」, 「화(和)와 마코토(誠)」로 이어진다. '일본'이 '일본'으로 불리게 된 연유에 대한 해설은 「건국」 항목에서 기대되는 내용이지만, 보이지 않는다. 제2부의 「국토와 국민생활」에 이르러 "도요아시하라노 미즈호노쿠니(豊葦原瑞穗國)라는 우리나라의 국명은 건국 초에 국민생활의 기본인 농사가 중시되었음을 나타내고, 연중 제사에 농사에 관한 것이 많은 점도 이러한 정신의 발현이다"라는 설명이 약간 보이지만, 이도 국호를 언급한 정도에 불과하다.

즉 근대 일본에서 천황을 정점에 두고 국민적 일체성을 이루며 '국체'의 정통성을 구축하는 과정에 국호에 대한 논의는 보이지 않는다.

3. 국정교과서 속 '일본'

이와 상응해 교육 면에서도 천황을 정점으로 국민적 일체성을 구축하는 과정 가운데 '일본'이라는 국호는 명확한 위치를 부여받지 못했다. 국민교육의 중핵이 된 메이지 37년(1904) 이래의 국정교과서 중 역사·국어 독본을 살펴봐도,[146] '일본'이라는 국명에 대해 혹은 '일본'이라 불리는 연유에 대해 가르치는 부분은 찾을 수 없다.

국정교과서는 '만세일계의 천황'에 근거가 되는 유례없는 국체 교육을 위한 교재이다. 예를 들면 제1기 국정교과서 『보통소학독본 8』 (1904)의 「우리 제국」은 다음과 같다.

우리 제국은 많은 섬으로 이루어져 있다. 그 섬들은 동북에서 서남으로 길게 줄지어 있어 마치 활 모양이다.

---

146 『日本敎科書大系 近代編』 6~9, 國語(3)~國語(6), 講談社, 1963~1964. 같은 책, 18~20, 歷史(1)~歷史(3), 講談社, 1962·1963.

이처럼 국토의 개관부터 시작한다.

위로는 만세일계의 천황이 계시고 국민을 사랑하시며, 아래로는 4천 8백만여 국민이 있어 천황을 우러러 마지않는다. 그러니 우리나라는 해와 달처럼 한없이 번영하리라.

그리고 "우리 제국처럼 좋은 나라 좋은 국체는 달리 예를 찾을 수 없다"로 귀결된다.

또 예를 들면 제3기 국정교과서 『보통소학국어독본 5』(1919)의 「대일본」은 다음과 같다.

대일본, 대일본

신의 후손 천황 폐하

우리들 국민 칠천만을

자식처럼

생각하시네

대일본, 대일본

우리들 국민 칠천만은

천황 폐하를 신처럼 우러러

부모처럼 사모하며 섬기네

대일본, 대일본

신대 이래 한 번도 적에게

패배한 적 없이 일월과 함께

나라의 빛이 더욱 빛나리

천황을 중심으로 한 가족에 비견할 만한 국민적 일체성을 칭송한
다. 다만 '대일본' 그 자체에 대한 설명은 없다. '국체'의 유일무이함
은 반복해서 강조하지만, 그것을 '일본'이라는 국호의 의미 부여와
함께 다루지는 않는다.

제5기 국정교과서 「초등과 국어 5」(1942)에 이르러서야 겨우 「오
호야시마(大八洲)」를 제목으로 한 다음과 같은 시가 등장한다.

이 나라를 신께서 낳으시고

이 나라를 신께서 다스리시니

이 나라를 신께서 지켜주시네

섬들의 수가 많도다

큰 섬이 여덟 개 있으니

나라 이름은 오호야시마쿠니(大八洲國)

엄연히 동해에 있네

해 뜨는 나라이기에

히노모토(日本)라 칭송했네

섬이라 산이 아름답고

섬이라 바다에 둘러싸여

산과 바다에서 나는 것이 많네

넓은 바다에 시키시마노쿠니(敷島國)

푸른 산에 둘러싸인 야마토

봄가을 아름다움이 가없어라

아마테라스 신을 받자와

벼의 싹이 살랑거리는

아시하라노 나카쓰쿠니(葦原中國, 갈대밭 속 나라)

세차게 흐르는 바다 가운데

큰 배가 빈번히 다니는

우라야스쿠니(浦安國, 평온한 나라)가 바로 이 나라

나라가 평온하니

천지와 더불어 무궁하도다

구와시보코노 지타루쿠니(細戈千足國, 정밀한 무기가 구비된 나라)

신화적 국명을 나열한 시가 실려 있는 것이 눈에 띄는 정도이다. 이 시기의 국정교과서는 국가주의적 색채가 강하다. 위의 시에서도 '일본'은 신의 나라이자 '해 뜨는 나라'라는 의미이다. 다만 그것이 특권화하여 이데올로기적으로 집약되는 일은 없었다.

근대 국가는 '일본', 정식으로는 '대일본제국'이라고 국호를 정했다. 그러나 국호에 관한 언설을 형성하고 거기에 적극적으로 의미를 부여하여 침투시킴으로써 국민적 합의를 이끌어내려 하지는 않았다. 이 점을 되짚어볼 필요가 있다.

맺음말

　지금까지 '일본'이라는 명칭의 탄생부터 그 변주를 통해 의미를 갱신해온 역사를 살펴보았다. 끝으로 그 개략적인 내용을 서술하며 마무리하겠다.

　'일본'은 고대 율령국가에서 '일본천황'으로 제도화되어 등장했다. '일본'은 왕조명(王朝名), '천황'은 군주호(君主號)이다. 이는 중화적 세계상 속에 존재했던 '일본'에 새로운 의미를 부여하여 성립한 것이다. 그러한 설정은 『일본서기』에서 '일본'을 고대 한반도 여러 나라에 대해 역사적으로 '대국(大國)'적 관계에 있었다고 포장함으로써 뒷받침되었다. 고대 제국적 세계상의 표상이라 할 수 있는 '일본'이다.(제1장, 제2장, 제3장)

　그러나 제국 이데올로서의 의미가 상실되자, 『일본서기』 강서에서는 '일본'을 외부에서 주어진 이름으로 취급하며 자신들의 문제가 아니라고 관심을 두지 않았다. 그리고 내재하는 근거를 찾아 고유어 '야마토'로 시선을 돌렸다. 거기에서 세계의 시작에 대한 기억을 확인하고 '야마토' 왕조로서 자기 증명을 시도했다.(제4장, 제5장)

　한편 헤이안 시대 후반에는 내재적으로 '일본'을 증명하려는 움직임 속에서 일신의 나라 '일본'설이 생겨났다. 아마테라스 신에서 '일본'에 대한 신화적 근거를 찾으려 한 것이다. 또한 불교적 세계관 하에 '대일+본국'설이 등장하는데, 대일여래가 즉 아마테라스 신이라는 점에서 '일신의 나라'설과 결합한다. 중세에는 이 설이 널리 퍼졌다. 그 외에도 여러 설이 있었는데, 개중에는 이 나라가 주 왕조의 후예라는 설, 즉 '동해희씨국'설도 있었다.(제6장, 제7장)

근세에는 그러한 중세적 이해를 불식시키고자 오로지 신화적 호칭에 주목해, '일본'이 민족문화적인 성격을 지닌 것은 아니라고 자리매김 되었다. 그런 까닭에 근대에 들어와 '일본'은 국호이면서도 국민적 일체성을 담보하는 명칭이 되지 못했다.(제8장)

'일본'이라는 명칭의 내력은 이상과 같이 개관할 수 있다. 일본열도의 사람들은 자신들의 정체성을 '일본'이라는 명칭에 가탁해왔다. 혹은 더 이상 가탁할 수 없는 것으로 이해하게 되었다. 현대 일본인이 '일본'에 대해 국민적 합의를 갖지 못한 것은 이러한 '일본'의 역사의 결과이다. 그러한 역사 전체가 '일본'이다.

보론

신출 자료「예군묘지」에 대해

'일본'의 내력에 대해서는 앞에서 전부 서술했다. 이 책 제1장에서 제8장까지는 졸저『'일본'이란 무엇인가』(고단샤 현대신서, 2005)를 약간 수정한 것이다. 그런데 신서 간행 후 새로운 자료「예군묘지(禰軍墓誌)」가 발견되었다. '일본'의 용례가 보이는 7세기의 자료라는 점에서 중요하다. 이에 대해 보완하지 않으면 안 된다.

이 새로운 자료는 한마디로 필자의 설을 보강해주는 것이었다. 하지만 이 묘지를 둘러싸고 역사 연구자들이 하는 발언을 보면 기본적 인식이 부정확하기도 하고 역사 감각이 의심스러운 경우도 있으며, 한자어의 쓰임이 이상하다고 증거도 없이 말하기도 한다. 이를 간과해서는 안 되겠다는 생각이 들어 문제를 제대로 정리하고자, 논의가 다소 중복되는 것을 감수하고 보론을 붙인다.

1. 예군묘지의 의의

먼저 예군묘지에 대한 기본 인식부터 분명히 하자. 이에 대해서는

2013년 1월 8일 고려대학교에서 발표한 「'일본'에 대해」(자료집 『한·일 문학 역사학의 제문제』)에서 정리한 바 있으므로 이하 관련되는 부분을 인용한다.(이하 227쪽까지)

*

2011년에 발견된 예군묘지에는 '일본'이라는 말이 들어 있었습니다. 예군은 백제인으로, 백제가 멸망했을 때 당 측에 선 장군입니다. 678년에 사망했습니다. 그 묘지(전문 884자)에 '일본'이라는 말이 나옵니다. 다이호 율령 이전의 사료에서 '일본'이라는 확실한 예를 보게 된 것입니다. 이것을 다이호 율령 이전부터 '일본'이라는 국호가 쓰였던 증거라고 하는 발표가 있었습니다.[147]

그러나 묘지의 문장을 보면 거기에 나온 '일본'은 나라를 가리키는 것이라 볼 수 없습니다. 동이의 끝에 있는 땅을 가리키는 것일 뿐입니다. 고대 중국의 세계상의 문제로 그 점을 명확히 해야 합니다.

묘지문의 해당 부분을 발췌하면 아래와 같습니다. 현경(顯慶) 5년(660) 당이 백제를 평정했다는 기술에 이어지는 문장입니다.

于時日本餘噍拠□桑以逋誅風谷遺甿負盤桃而阻固

147 길림대학(吉林大學)의 왕연룡(王連龍) 등이 있다.

□는 결락된 글자인데, '扶(桑)'라고 인정됩니다. 문장은 엄격히 대구를 이루고 있습니다.

日本	餘噍	抳扶桑	以逋誅
風谷	遺甿	負盤	桃而阻固

천문현상인 '일(日)'과 '풍(風)', '여초(餘噍)'와 '유맹(遺甿)'(噍와 甿은 모두 인민을 뜻합니다), 식물인 '부상(扶桑)'과 '반도(盤桃)'가 나열됩니다. 마지막의 '포주(逋誅)'와 '조고(阻固)'는 저항을 계속한다는 것을 의미합니다. '풍곡'이 국명이 아닌 이상 '일본'도 국명이 아님은 분명합니다. 도노 하루유키는 「백제인 예군묘지의 '일본'」[148]에서 매우 명쾌한 해석을 보여줍니다. 그는 풍신(風神)을 기백(箕伯)이라고도 부른 점을 토대로 '풍곡(風谷)'을 기자(箕子)의 땅인 기자조선을 가리킨 것으로 파악합니다. 그렇다면 '풍곡유맹'은 평양을 도읍으로 삼았던 기자조선의 후예를 뜻하며, 현실적으로는 평양을 도읍으로 한 고구려로 봐야 한다고 말합니다. 그리고 '일본'은 중국에서 봤을 때 해 뜨는

---

148 東野治之, 「百濟人禰軍墓誌の日本」, 『圖書』, 2012.2. 본 논문은 후에 『史料學探訪』, 岩波書店, 2015에 수록되었다.

곳, 즉 극동을 의미하는 것으로, 그것이 곧 일본열도를 가리키는 것은 아니라고 합니다. '일본여초'는 멸망한 백제를 가리키며 그 잔당의 활동을 뜻한다는 것입니다. 이 해석대로라고 생각합니다.

중요한 것은 고대 중국의 세계상에서 동이의 끝을 가리키는 것이었다는 점입니다. 예군묘지의 '일본'은 그 확실한 예로 볼 수 있습니다. 국호 '일본'을 거기에서 볼 수는 없습니다만, 종래에 알려진 '일본'의 사용 연대가 앞당겨지는 것입니다. '일본'이라는 명칭의 기반을 생각할 때 그 의의가 매우 크다고 하겠습니다.

예군묘지에 '일본'과 함께 쓰인 '부상'의 검토부터 시작하겠습니다. '부상'은 해가 솟는 나무라 하여 여러 문헌에 보입니다만, 그 근거가 되는 것은 『산해경(山海經)』[149]과 『회남자(淮南子)』[150]입니다.

『회남자』 권3 「천문훈(天文訓)」에는 다음과 같은 기사가 있습니다.

日出於暘谷. 浴于咸池. 拂于扶桑. 是謂晨明. 登于扶桑之上. 爰始將

行. 是謂朏明.…

'양곡(暘谷)'이라는 해가 나오는 계곡이 있고, 해는 '부상(扶桑)'에 떠

---

149 전국 시대, 기원전 3세기 이전의 성립으로 추정.
150 전한, 기원전 2세기에 성립.

오릅니다. 단 '부상'은 '동방의 들'이라고 해석됩니다.

『산해경』 제9 「해외동경(海外東經)」에 더 자세한 기사가 있습니다.

下有湯谷. 湯谷上有扶桑. 十日所浴. 在黑齒北. 居水中. 有大木. 九日
居下枝. 一日居上枝.

'탕곡(湯谷)'은 '양곡(暘谷)'과 같이 뜨거운 물이 솟는 계곡을 말합니다. 태양이 열 개나 있다는 이야기는 『회남자』에도 보입니다만, 열개의 태양이 목욕하는 곳이 탕곡이며 흑치국의 북쪽에 있다고 합니다. 거기에 해가 떠오르는 '부상'이라는 나무가 있다는 것입니다. 같은 이야기가 제14 「대황동경(大荒東經)」에도 나옵니다.

有谷曰溫源谷. 湯谷上有扶木. 一日方至. 一日方出. 皆載於烏.

하나씩 차례로 나가는 열 개의 태양에는 모두 까마귀를 싣고 있다고 합니다. 또한 요(堯)나라 때 열 개의 태양이 한꺼번에 나와 초목을 불태웠기에 활의 명인 예(羿)가 아홉 개의 태양을 쏘아 떨어뜨렸다는 이야기가 『회남자』 제8 「본경훈(本經訓)」에 보입니다.

이러한 기사는 유서(類書)인 『예문유취(藝文類聚)』 등에도 인용되어 잘 알려져 있었습니다. 고대 중국의 세계상이라 해도 좋습니다.

'양곡'(탕곡)과 '부상'에 대한 이미지의 정착은 육조 양대(梁代)까지의 시문을 모은 사화집(詞華集) 『문선(文選)』에서도 엿볼 수 있습니다. 예를 들면 후한 시대 장형(張衡)의 「서경부(西京賦)」에 상림원(上林苑)의 광대함을 노래하며 곤명지(昆明池)에 대해 다음과 같이 말합니다.

日月於是乎出入. 象扶桑與濛汜.

해가 드나들 정도로 크다는 말인데, '부상'과 '몽사(濛汜)'(해가 지는 곳)가 거기에 있는 듯하다고 묘사합니다. 이선(李善)이 단 주에는 "연못의 광대함을 말하는데 해와 달이 그 연못 속에 출입한다고 한다. 『회남자』에 일출양곡불우부상(日出暘谷拂于扶桑), 『초사(楚辭)』에 출자양곡입우몽사(出自暘谷入于蒙汜)라고 한 대로이다"라고 합니다.

또한 장형의 「동경부(東京賦)」에도 일출을 기다리는 것을 "하늘빛이 부상에 오르기를 기다린다"고 했습니다. 이선의 주에 따르면 '부상'은 『회남자』를 전거로 한다고 했습니다. 그리고 세계의 끝을 시야에 두는 것을 "왼편으로 양곡을 바라보고 오른편으로 현포를 바라본다"고 했습니다. '현포(玄圃)'는 곤륜산(崑崙山) 위에 있는 신선의 거처로, 이와 대비되는 '양곡'은 세계의 동쪽 끝을 표현하는 것입니다.

그것은 해와 관련되는 표현인 '일역(日域)'이나 '일하(日下)'와도 함께 쓰였습니다. 예를 들어 '일역'은 육조 송대 포조(鮑照)의 「무학부

(舞鶴賦)」(『문선』)에 다음과 같이 나타납니다.

> 指蓬壺而翻翰. 望崑閬而揚音.
>
> 而日域以迴鶩. 窮天步而高尋.
>
> 踐神區其既遠. 積靈祀而方多.

　'봉호(蓬壺)'와 '곤랑(崑閬)'은 신선들이 사는 산입니다. '일역(日域)'과 '천보(天步)'는 더없이 먼 곳을 뜻한다고 유량(劉良)의 주가 달려 있습니다. 이는 모두 날아다니는 세계가 얼마나 넓은지를 말합니다. '천신구(踐神區)' 구절 등은 단번에 천 리를 날고 천 년을 넘게 산다는 학을 칭송하는 표현입니다. 그러한 '일역'이 '부상'과 결합되는 것은 당연하다고 할 수 있습니다. 초당 시대 노조린(盧照鄰)의 「병리수부(病梨樹賦)」(673)에는 다음과 같은 구절이 있습니다.

> 天象平運. 方祇廣植.
>
> 挺芳桂於月輪. 橫扶桑於日域.

　'천상(天象)'·'방계(芳桂)'·'월륜(月輪)'과 '방지(方祇)'·'부상(扶桑)'·'일역(日域)'은 각각 하늘과 땅을 뜻하며 대구를 이룹니다. 하늘의 운행은 순조롭고 그 아래 땅이 퍼져 있다, 계수나무는 달 속에 솟아 있고 부상은 일역에 널리 퍼져 있다는 것입니다. '일역'은 '부상'의 땅으로, 『회남자』·『산해경』의 세계상과 결합되어 의미를 갖는 것이었습니다. 이렇게 보면 고대 중국의 세계상에서 동이의 세계, 동쪽의 끝 일출의 땅에 '일역'이나 '일하'와 더불어 '일본'이 있었다고 생각됩니다. '본'은 원래 나무의 밑동을 뜻하므로 '부상'과 관련 지어 "태양은 부상에서 나온다. 즉 이 땅이 일하(日下)였다. 고로 이름하여 일본 (日本)이라 한다"고 이치조 가네요시(一條兼良)가 『일본서기찬소』(15세기 중반 성립)에서 풀이한 대로입니다. '일본'은 해가 솟아오르는 나무인 부상의 밑동에 있는 땅이라고 해석되는 것입니다.

그렇지만 7세기 이전의 중국에서 확실한 용례를 확인할 수는 없었습니다. 필자는 앞에서 언급한 『'일본'이란 무엇인가』에서 다음과 같이 말하는 데 그치고 말았습니다.

그것('일본'이라는 명칭)이 원래 중국에서 탄생한 점에 대해서는 확실한 예를 들 수 없으나 가능성이 있음을 확인했다.

중요한 것은 그러한 가능성의 기반이다. 중국의 세계상에서 '일본'을 탄생시킨 기반 혹은 허용할 수 있는 기반이 있었음을 봐야 한다.

기대했던 7세기 이전의 확실한 예를 예군묘지에서 볼 수 있었습니다. '일본'의 의미가 좀 더 명확해졌다고 할 수 있습니다.

*

기본적으로는 이것으로 충분하다. 『'일본'이란 무엇인가』를 인용하면서 말한 대로,[151] 예군묘지에 의해 '가능성'을 뒷받침하는 실제 예를 얻은 것이다. 예군묘지에 보이는 '일본'의 의의는 이상과 같다.

하지만 더 말해야 할 것이 있다. 조혜이 연간의 『일본서기』 강서 중 "스승이 이르기를 일본이라는 명칭은 진 혜제 때 보인다고 했는데 그 뜻은 분명치 않다"고 했다. 참의 기노 요시미쓰가 "왜국을 이름하여 일본이라 한다. 그 뜻은 무엇인가. 또한 언제부터 그 이름이 있었는가"라고 질문한 것에 대한 박사 야타베노 긴모치의 대답이었다.(「일본서기사기」 정본) 진 혜제의 재위기간은 290~306년이다. 이 기사를 신뢰한다면 매우 이른 단계의 '일본'의 용례가 된다. 대체 긴모치가 무엇을 근거로 이렇게 말했는지, 그 전거는 아직 밝혀지지 않았다. 다만 긴모치가 '보인다'고 했으므로 쉽게 부정할 수도 없다. 『'일본'이란 무엇인가』에서는 그 용례가 어딘가에 있었을지도 모른다고 했었는데, 그 가능성이 예군묘지에 의해 높아졌다고 하겠다.

151   이 책 제3장 제3절 참조.

2. '일본'을 국호로 파악하는 경향에 대한 비판

다음으로 지적하고 싶은 것은 '일본'을 국호로 보는 논의의 불명확함에 대해서이다. 불명확하다고 하는 이유는 '일본'에 대해 생각할 때 그것이 왕조명임을 제대로 인식해야 하는데 그렇지 않기 때문이다. '일본'이 왕조명이라는 것은 요시다 다카시가 주장한 대로이다. 이를 전제로 하지 않은 논의가 횡행하는 것 같다. 요시다 다카시는 『일본의 탄생』에서 이렇게 말했다.[152]

우선 확인해야 할 것은 다이호 2년의 건당사 이래 현재에 이르기까지 대외적인 국호로 기능해온 '일본'이 본래는 '태양의 자손이 다스리는 해 뜨는 나라'라는 야마토 왕조의 이름이었다는 점이다.

이 점은 이미 에도 시대에 모토오리 노리나가가 예리하게 지적했다. 노리나가는 『고사기전(古事記傳)』 서두에 「서기(書紀)에 대한 논」이라 하여 『일본서기』를 비판하면서 그 서명부터 납득할 수 없다고 했다. 즉 『일본서기』는 중국의 정사를 본떠 지은 것인데 중국에서는 왕조 교체가 있기 때문에 『한서』나 『진서』라 이름 붙이지 않을 수 없었다. 반면 황국(皇國)은 영원히 황통이 이어지고 있으므로 『일본서

---

152 吉田孝, 『日本の誕生』, 岩波書店, 1997.

기』라 해서는 안 된다고 비난한 것이다.

인용문에서 '태양의 자손이 다스리는 해 뜨는 나라'라는 해석은 맞지 않다.[153] 그러나 '일본'을 왕조명으로 파악해야 한다는 지적은 정곡을 찌르고 있다. 『일본서기』의 서명에 대한 요시다의 지적을 부연하자면, 노리나가는 직접적으로 '일본'을 왕조명이라고 한 것은 아니다. 노리나가는 아래와 같이 말했다.

> 이는 중국(漢國)의 국사에서 『한서』나 『진서』라 명명한 것을 본떠 우리나라(御國)의 명칭을 앞에 붙인 것이다. 중국은 대대로 국호가 바뀌었으니 그 대의 명칭을 붙이지 않으면 알기 어려워 그리 한 것이다. 그러나 황국은 천지와 더불어 영원히 황통이 변함없이 이어지고 있으니 그리 구분할 일이 아니다. 이런 일에 국호를 내세우는 것은 구분 지어 나열할 때 쓰는 법인데, 그렇다면 이는 무엇에 대한 서명인가. 그저 중국을 의식하여 그들에게 아부하는 서명이 아니겠는가.

『한서』 등이 왕조명을 붙여 정사의 서명으로 삼은 것을 본떠 중국을 의식하여 지은 서명이 『일본서기』라는 것이다. 정사의 서명이라

---

153 이 책 제6장 제2절 참조.

는 점에서 볼 때 『한서』의 '한'과 마찬가지로 『일본서기』의 '일본'이
왕조명임은 당연하다. 그 당연한 이해를 전제로 노리나가는 말하고
있다. 노리나가는 그처럼 '일본'을 내세운 서명 『일본서기』에 대해
자칫 왕조 교체가 가능한 듯 보이므로 '황국'에는 적절치 않다고 부
정한 것이다. '천지와 더불어 영원히 황통이 변함없이 이어지고 있으
니', '일본'을 붙일 필요가 없다는 문맥에서 이를 분명히 알 수 있다.

　한편 『일본서기』의 입장에서 본다면 그것은 왕조명 '일본'을 전제
로 한 서명이라고 해야 한다. '서기(書紀)'가 서명으로 이례적이라는
점은 일찍이 지적된 바이지만,[154] 『영집해』의 인용에도 있듯이 나라
시대부터 『일본서기』라 불렸던 것은 틀림없다. 그렇다 해도 정사를
편찬하면서 『한서』 등 서명의 원칙을 몰랐을 리가 없다.

　다이호 율령이 정한 '일본천황'이라는 대외적 군주호도 왕조명+군
주호로 이해된다. 공식령 조서식은 천황이 내리는 조서 서식 규정으
로, 거기에 천황 표시 양식이 정해져 있다. 이 책 제1장 제2절에서 서
술한 대로 다이호 율령은 아래와 같이 전문을 추정해볼 수 있다.

　　御宇日本天皇詔旨.

　　御宇天皇詔旨.

154　神田喜一郎, 「『日本書紀』書名」, 『日本書紀』 下, 月報, 日本古典文學大系, 小學館, 1965.

御大八洲天皇詔旨.

天皇詔旨.

詔書. 云云. 聞宣.

「고기」에 의하면 첫 번째는 대외적으로, 두 번째와 세 번째는 국가의 큰일에, 네 번째와 다섯 번째는 작은 일에 사용한다고 한다. 이 영문(令文)에서 '어우'와 '어대팔주'가 등가임은 분명하다. 통치 영역을 '우'와 '대팔주'로 표현한 것이다. '대팔주'는 국토 생성 신화에 의해 보장된 국토를 말한다.(『일본서기』를 인용) 이에 비해 '일본'은 '일본 천황'이라는 왕조명+군주호의 형태로 대외적 의미를 갖는다.

'일본'이 왕조명이었다는 점에 입각해서 봐야 한다는 것을 다시 한 번 확인하자. 그 왕조명이 "동시에 동아시아 세계 속에서 국명으로도 사용된 것"이라는 요시다의 지적은 적절하다. 갑자기 국호 '일본'이라 하면 부정확하다 하지 않을 수 없다. 왕조명이라는 의식은 강서의 논의에서도 확인된다. 『석일본기』에 인용되어 있는 「엔기 개제기(延熹開題記)」[155]에 "磐餘彦天皇定天下. 至大和國. 王業始成. 仍以成王業之地爲國號. 譬猶周成王於成周定王業仍國號周."라고 쓰여 있듯이, '야마토'라는 명칭을 '주(周)'와 비교하는 데서도 왕조명임은

155　엔기 연간의 강서 기록으로 추정된다.

분명하다. 그러나 '일본'을 둘러싼 논의가 반드시 이 점을 고려한 것은 아니다. 예를 들어 고바야시 도시오의 『일본 국호의 역사』[156] 등을 봐도 그런 생각이 강하게 든다.

발해의 최초 국서에 대한 이해도 그 점을 전제로 이루어져야 한다. 진키(神龜) 4년(727) 가을 발해 사신이 가져온 최초의 국서는 『속일본기』 진키 5년 5월 갑인(甲寅) 조에 수록되어 있다. 이 책 제3장 제2절에도 인용했듯이, 그 서두에 다음과 같은 구절이 있다.

武藝啓. 山河異域. 國土不同. 延聽風猷. 但增傾仰. 伏惟大王. 天朝受命. 日本開基. 奕葉重光. 本枝百世. 武藝忝當列國. 濫惣諸蕃. 復高麗之舊居. 有扶餘之遺俗. … 親仁結援. 庶叶前經. 通使聘隣.

이 국서에 대한 해석은 이시이 마사토시의 『일본 발해 관계사의 연구』[157]에 자세한데, '일본'에 대해서는 그다지 명쾌하지 않다. 이시이는 당에서 책봉을 받아 대등한 관계에서 이루어진 국서라고 하며, '伏惟大王. 天朝受命. 日本開基'를 "엎드려 생각건대 대왕은 중국 조정으로부터 명을 받아 일본국에 왕조의 기반을 열고"라고 풀이한다.

---

156 小林敏男, 『日本國號の歷史』, 吉川弘文館, 2010.
157 石井正敏, 『日本渤海關係史の研究』, 吉川弘文館, 2001.

이대로 괜찮은 것일까.

이시이의 해석에서는 '수명(受命)'—'개기(開基)'에 대한 설명이 명확하게 이루어지지 않았다. '개기'는 왕조를 연다는 뜻으로 봐야 한다. 그것은 『한서』 권36 "及至周文. 開基西郊. 師古曰. 言文王始受命作周也", 권74 "近觀漢相. 高祖開基. 蕭曹爲冠. 師古曰. 名位在衆臣之上", 『후한서』 권110상 "天命有聖. 託之大漢. 大漢開基. 高祖有勳. 斬白蛇. 屯黑雲"[158] 등의 용례를 볼 때 분명하다. '수명'—'개기'의 연결은 천명을 받아 개기한다고 해석하는 것이 자연스럽다.

게다가 6세기 이후 일본열도의 국가는 중국 왕조의 책봉을 받지 않았다. 그러한 사실에 입각해 볼 때 신일본고전문학대계본 『속일본기』가 '대왕 천조의 명을 받아'라고 읽고 '대왕 천조'를 '천황의 조정'이라고 해석한 것이 타당할 듯하다. 대왕은 천명을 받아 일본왕조를 열었다는 뜻으로 이해된다. 이시이의 '중국 조정으로부터 명을 받아'라는 해석에는 따르기 어렵다. 이시이가 "실제로 일본은 책봉을 받지 않았으나 무예는 그렇게(책봉을 받았다고) 이해한 것"이라고 부연한 것은 지나치게 안일하지 않은가.

'대왕은 천명을 받아 일본에 왕조를 열고 선조 때부터 줄곧 번영을 누리고 있습니다(大王. 天朝受命. 日本開基. 奕葉重光. 本枝百世)'와 '무

---

158   두독(杜篤)의 「논도부(論都賦)」. 『예문유취』에도 있다.

예는… 고구려의 옛 영토를 회복해 부여의 옛 풍습을 지키고 있습니다(武藝…復高麗之舊居. 有扶餘之遺俗)'로, '일본'의 '대왕'에 대해 스스로를 대비시키는 문맥은 자타의 역사를 확인하는 의미를 지닌다.[159] '일본' 땅에서의 왕조라는 것, 내지는 '일본'이라는 왕조명을 가지고 상대방의 역사를 말하면서,[160] 자신도 고구려의 옛 영토를 회복했기 때문에 친교를 맺자는 것이다. '전경에 따라 사신을 보내 통교를(庶叶前經. 通使聘隣)'에서의 '전경(前經)'의 뜻이 문제가 되지만, 고구려의 선례라기보다 '고전・사서의 의미'임은 이시이의 견해가 맞는 것 같다.

한편『속일본기』에 실린 발해의 국서는 이것만이 아니다. 그중 "일본을 다스리는 성천황조(日本照臨聖天皇朝)"(덴표쇼호 5년 5월), "일본에서 팔방을 비추던 성명황제(在於日本照臨八方聖明皇帝)"(덴표호지 3년 정월)가 주목된다. '조림(照臨)'은 세상을 굽어본다, 즉 천자의 통치를 말한다. 덴표호지(天平寶字) 3년(759)의 예에서 알 수 있듯이 '일본'에서 조림하는 것이므로, '일본'은 장소이다. 왕조가 열린 땅이며 왕조의 이름이 된다. 그야말로 '주(周)'와 같다.

---

159 참고로 이 구절을 이시이가 '대구'라고 한 것은 한문 이해 면에서 부정확하다.
160 '내지는'이라고 서술한 것은 이 책 제3장 제2절 참조.

3. 동아시아 세계를 시야에 둔 역사 감각

앞에서 이시이의 설이 안일하다고 했다. 그의 설처럼 실제로는 책봉을 받지 않았으면서 받은 것으로 이해한 국서였다고 한다면, '일본' 측이 그러한 국서를 수리하고 『속일본기』에 실은 것은 어떻게 설명할까. 중국 왕조가 통치하는 동아시아 세계질서 속 국제관계에 대한 역사 감각으로 어떠한가.

스즈키 야스타미의 「동아시아 세계사와 동부 유라시아 세계사: 양의 국제관계·국제질서·국제의식을 중심으로」에 대해서도 같은 비판을 할 수 있다.[161] 스즈키는 7세기 후반 국제정세의 격변을 아래와 같이 말한다.

> 왜의 왕권은 자국의식에 눈을 떠 외부로부터 부여된 재래의 국호라 할 수 있는 왜국을 일본으로 개칭했다. 해 뜨는 곳, 해 뜨는 곳의 근처라는 의미로 이미 국제적 가호(嘉號)로 인정받은 일본을 외교에서 채용하기 시작한 게 아닐까.

---

[161] 鈴木靖民, 「東アジア世界史と東部ユーラシア世界史: 梁の國際關係·國際秩序·國際意識を中心に」, 『專修大學東アジア世界史研究センター年報』 6, 2012.3.

예군묘지는 '국제적 가호로 인정받은 일본'이 있었음을 보여주는 것이라고 한다. 이어서 그것을 다이호 율령에서 법제화하여 '정식으로', '본격적으로' 사용한 것이 다이호 2년의 "견당사부터일 것이다"라고 한다. 그러나 그의 주장은 근거 없이 '게 아닐까', '일 것이다'라는 추측에 불과하다. 애당초 '국제적 가호'라는 이해는 어디에 근거하는가. '일본'이 중국 왕조를 중심으로 한 세계질서 속에 위치함을 파악하지 못한 것이다. 앞에서 말한 대로 '일본'은 중화적 세계질서에서 동이의 끝으로 의미를 지닌 것이었다. 그것이 동아시아에서 '일본'이 갖는 의미이다. '국제적 가호'라는 어긋난 이해는 '국제관계·국제질서·국제의식'을 논하는 역사 감각이 결여된 것이라 하지 않을 수 없다.

대체 '외교에서 채용'한다는 것은 어떻게 가능했을까. 채용이 사용과 같다면, 스스로의 결정만으로 사용할 수 있었을까. 스즈키는 "670년대 일본과 천황이 세트로 외교문서에 사용되기 시작했다고 생각되며 그 연대는 678년경에 쓰인 예군묘지와도 부합한다"고 했다. 책봉을 받았든 아니든 간에 중국 왕조를 중심으로 한 동아시아 세계질서에서 '왜'라는 명칭으로 불리던 조공국이 멋대로 별개의 국호를 사용하는 것이 가능했을까.

먼저 신라에 대해 사용했다고 하는데,『삼국사기』문무왕 함형(咸亨) 원년(670)에 왜국을 고쳐 일본국이라 했다는 기사는『신당서』에

의한 것이다. 그러나 『신당서』는 함형 원년에 '일본'으로 고쳤다고
하지 않는다. "함형 원년에 고구려 평정을 축하하는 사절을 보내왔
다. 중국 음을 익힌 후에 왜라는 이름을 꺼려 일본으로 바꿨다고 한
다(咸亨元年. 遣使賀平高麗. 後稍習夏音. 惡倭名. 更號日本)"라고 하여, '후
에' 중국어를 익혀 왜를 꺼려하며 일본으로 고쳤다는 것이다. 그 시
점에 고친 것이 아님은 명백하다. 『삼국사기』는 신빙성이 떨어진다.
애초에 중세 문헌인 『삼국사기』를 근거로 할 수도 없다. 고바야시가
"먼저 신라에 대해 사용했다고 생각하는 것이 자연스러우리라"고 하
며, 『삼국사기』 효소왕 7년(678) 기사에 '일본국' 사절이 있음을 근거
로 다이호 율령 이전의 '일본'을 상정하는 것도 무리가 있다.

참고로 고바야시가 필자의 저서에 대해 비판하는 점에 대해서도
한마디 하겠다. 고바야시는 '일본'이 한반도와의 관계에서 규정되었
다는 설로, 다무라 엔초(田村圓澄), 다카모리 아키노리(高林明勅)와 함
께 필자를 거론한다. "삼자의 견해는 중요한 지적이나, 단 일본 국호
가 실제로 신라에 대해 보여주기 위해 정해졌다, 혹은 만들어졌다는
식으로 직접적으로 해석해버리면 잘못이다"라며 이렇게 말한다.

진구 황후의 신라 정벌담은 백촌강 패전 후 동아시아 세계에서 신라
에 대한 관계성을 과거로 거슬러 올라가 이념적으로 만든 이야기이
다. 거기에서 '일본', '천황', '신국', '신병'의 호칭이 신라를 새로이 '번

국', '조공국', '복속국'으로 자리매김하는 것으로 설정되었다.

필자는 『'일본'이란 무엇인가』에서 아래와 같이 말했다.

『일본서기』는 '일본'을 한반도와의 관계에서 비롯한 명칭으로 규정하는데, 한반도에 대한 대국적 관계를 역사적으로 확인하는 방식으로 '일본'의 가치를 확립한다고 할 수 있다.… 『일본서기』는 역사를 서술하면서 그러한 '일본'을 만들어낸 것이다.

또한 중요한 것은 "『일본서기』가 한반도와의 제국적 관계를 담보하는 것으로 '일본'에 의미를 부여하고 그 명칭의 내실을 만든" 점이라고 했다.[162] 앞의 고려대학교 발표에서도 다음과 같이 말했다.

『일본서기』가 만든 '역사'는 중국에서도 받아들인 '일본'을, '일본'이라는 한자어 원래의 뜻에서 벗어나 한반도에 대한 대국적 관계를 담보하는 것으로 규정했음을 확인하고자 합니다. 다이호 율령에서 제정된 '일본'은 이렇게 『일본서기』가 만든 '일본'에 의해 내실을 기하게 됩니다. 그럼으로써 '일본'이 명실공히 성립했다고 할 수 있습니

162 이 책 제2장 제1절 참조.

다. 물론 중국 왕조가 '일본'을 승인했다고 해서 한반도에 대한 대국적 지위를 실제로 승인했다는 것은 아닙니다. 그것은 어디까지나 일본 측의 입장(이데올로기라고 하는 편이 적절합니다) 문제입니다.

고바야시가 '일본 국호가 실제로 신라에 대해 보여주기 위해 정해졌다, 혹은 만들어졌다는 식으로 직접적으로 해석해버리면 잘못이다'라고 비판한 것은 필자의 저서에 해당되지 않는다. 오히려 필자의 설을 따라한 것이다. 조공국이 명칭을 변경하는 것이 세계질서의 문제였음을 이해하지 못하면 역사 감각의 결여라고 할 수밖에 없다.

4. 용례를 보는 입장

예군묘지의 출현으로 드디어 7세기 이전의 '일본'의 확실한 용례를 얻었다. 그런데 한자어로서의 '일본'을 의심하는 듯한 발언도 있다. 이노우에 와타루는 『거짓의 일본고대사』에서 다음과 같이 말한다.[163]

본디 '일본'이란 기묘한 말로, 이런 말은 중국 옛 문헌에도 예가 없다.

163 井上亘, 『偽りの日本古代史』, 同成社, 2014.

당시 중국인이 듣고 그 뜻을 알았을지 매우 의심스럽다. '日'의 '本'이라는 단어의 구성상 문제는 '本'인데, 『고훈휘찬(古訓彙纂)』(商務印書館)을 살펴보면 훈고가 103개나 열거되어 있다. 그러나 하나하나 보면 그것들은 전부 '나무의 밑동'이나 '뿌리'라는 원뜻에서 파생된 것으로 이해된다. 이는 '부상'에 관한 것이라고 말하는 사람도 있으나, 그렇다면 '부상'이라는 이름을 쓰면 되지, 굳이 뜻도 통하지 않는 말을 쓸 필요는 없다. 대체 '일본'이라는 말은 '히노모토'(사료 14)[164]라는 일본어 말고 무엇을 떠올릴 수 있을까. 이것은 아무리 봐도 한자를 갖다 붙였다고밖에 생각되지 않는다.

『고훈휘찬(古訓彙纂)』이란 『고훈회찬(古訓匯纂)』(商務印書館, 2003)인데, 거기에 있는 훈고를 다 살폈다고 해서 용례의 부정이 되지는 않는다. '기묘'하다고 한 것은 주관에 불과하며, 달리 예가 없는 것이 근거가 될 수는 없다.

예군묘지에 쓰인 예는 무엇보다 확실한 예가 된다. 묘지를 작문할 때는 문장을 다듬고 또 다듬어 쓰기 때문이다. 달리 예가 없는 말이 쓰였다고 해서 그 용례의 희소성 때문에 의심하는 것은 본말전도

---

164   사료 14는 『만엽집』 권3, 319번 노래 「詠不盡山歌一首幷短歌」. 이 노래에 '日本之山跡國乃(히노모토노 야마토노쿠니노)'라는 구절이 있다.

이다. 또한 후대의 용례를 보면 『문원영화(文苑英華)』나 『전당시(全唐詩)』에 일본열도의 국가를 가리키지 않는 분명한 예가 있다. 게다가 '일본'이라는 열도의 왕조·국가의 명칭도 공존한다. 이에 대해서는 오가와 쇼이치가 「당대의 일본이라는 명칭에 대해」[165]에서 밝힌 대로이다. 그러한 용례와 더불어 예군묘지를 통해 동이의 끝이라는 한자어 '일본'을 이해하고, 거기에서 '일본'의 유래를 찾아야 할 것이다.

165 小川昭一, 「唐代の日本という稱號について」, 『中哲文學會報』 1, 1974.

이 책은 2005년에 간행된 고단샤 현대신서 『'일본'이란 무엇인가』를 수정하고, 신출 자료 「예군묘지」에 대한 보론을 덧붙인 것이다.

7세기의 일차사료로 매우 큰 의미를 갖는 「예군묘지」가 출현함에 따라 필자는 다행스럽게도 신서에서 논한 내용을 보강할 수 있었다. 2014년 3월에 이에 대한 논문 「'일본'의 유래에 대해」(『文化繼承學論集』 10, 明治大學大學院文學研究科)를 발표했는데, 여기에 약간의 수정을 더하여 보론으로 붙였다.

기존 저서에 보론을 수록함으로써 원래 생각한 주제를 보다 완결된 모습으로 간행할 수 있었다. 가장 바람직한 형태로 저서를 다시 살릴 기회를 얻은 데 깊은 감사를 표한다.

2016년 2월

고노시 다카미쓰

역자 후기

이 책은 2016년에 간행된 고단샤 학술문고 『'일본': 국호의 유래와 역사』를 우리말로 옮긴 것이다. 저자 후기에도 쓰여 있듯이, 2005년에 간행된 고단샤 현대신서 『'일본'이란 무엇인가: 국호의 의미와 역사』를 문고판으로 개정하면서 보론을 덧붙인 것이다.

저자 고노시 다카미쓰(神野志隆光)는 저명한 일본 고전문학 연구자로, 천황제를 상대화하는 데 힘썼다. 특히 근대 이후 많은 연구자들이 '기기신화(記紀神話)'라 하여 '일본신화'이자 '고대신화'로 묶어 규정해왔던 『고사기』와 『일본서기』가 전혀 다른 세계관을 주장한다는 사실을 밝혀 고대 문헌에 대한 접근 방식을 새롭게 했다. 이들 문헌은 이른바 '천황신화'라는 이데올로기성이 강한 '역사'를 만들었으며, 『만엽집』 등을 나란히 놓고 생각할 때 결코 단일한 역사로 수렴할 수 없는 복수의 '고대'라는 것이 저자의 일관된 주장이다. 다시 말해 문학 연구자의 입장에서 고대사 연구에 대한 패러다임의 전환을 도발적으로 제시한 것이다.

대표 저서로는 『고사기의 달성: 그 논리와 방법』(1983), 『고사기의 세계관』(1986, 2008), 『가키노모토노 히토마로 연구: 고대 와카 문학의 성립』(1992), 『고대 천황신화론』(1999), 『한자 텍스트로서의 고사기』(2007), 『복수의 '고대'』(2007), 『변주되는 일본서기』(2009), 『모토오리 노리나가 고사기전을 읽다』1~4(2010~2014), 『만엽집을 어떻게 읽을까: '노래'의 발견과 한자세계』(2013) 등이 있다. 또한 별권국문학 『고사기 일본서기 필휴』(1996)를 비롯하여, 야마구치 요시노리(山口佳紀)와 공동으로 신편일본고전문학전집 『고사기』(1997)의 교정·주해와 현대어역을 맡았다. 그 외 공저와 편저는 다 열거하기 어려울 정도로 많다.

저자는 2010년 도쿄대학 대학원 종합문화연구과 교수를 정년퇴임한 후 메이지대학 대학원 특임교수를 거쳐 도쿄대학 대학원 명예교수로 여전히 왕성하게 활동 중이다. 2015년에는 『동국통감』 희귀본을 포함하여 국내 대학에 자료를 기증하면서 뉴스에 오르내리기도 했으나, 그럼에도 현재 국내에 번역된 저서는 『고사기와 일본서기: '천황신화'의 역사』(제이앤씨, 2005)뿐이다. 다행히 최근에 저자가 국내 연구자들과 공동으로 엮은 『동아시아 고전학과 한자세계』(소명, 2016)가 출판되었다.

저자가 도쿄대학 대학원에 재직했을 때 역자는 거의 마지막 제자로 남아 있었던 인연이 있다. 스승의 저서를 뒤늦게나마 한국에 소개하겠다는 취지로 한창 연락이 오갈 무렵 문고판 간행 소식을 들었다. 현대신서 시리즈로 이미 시사성과 대중성이 보장되었는데, 드물게 다시 학술문고 시리즈로 실리면서 학문적 기여도가 재차 입증된 셈이다. 역자로서도 한층 동기 부여가 되는 일이었다.

사실 이 책의 역자들은 18세기 후반의 국학자 모토오리 노리나가의 『모노노아와레: 일본적 미학 이론의 탄생』(모시는사람들, 2015)을 번역하는 과정에서 『국호고』의 단초가 되는 논의를 일부 접할 수 있었다. 노리나가는 일본 국호에 대해 밝히고자 온갖 문헌을 섭렵한다. 그 결과 일본을 뜻하는 신화적 명칭인 오호야시마쿠니(大八洲國), 아시하라노 나카쓰쿠니(葦原中國), 아키즈시마(秋津嶋), 시키시마(師木嶋)의 야마토(夜麻登)를 비롯하여 왜(倭 · 和), 히노모토(日本) 등에 이르기까지 자세히 고증한다. 통상 국(國)이라 하면 번(藩)을 의미하던 막번(幕藩) 체제하의 에도 시대에 그는 이미 일본이라는 전체를 아우르는 시각을 가졌던 것 같다. 무엇보다 그에게 일본이란 신들의 시대부터 연속되는 장소로서, 현재를 살아가는 자신들의 아이덴티티를 확인하는 공간으로 기능했다.

노리나가는 '일본'이라는 명칭이 일본 내부에서 스스로 칭한 이름도 아니고 본래적인 말도 아니라고 한다. '일본'의 의미에 대해서는 고대 한반도에서 해 뜨는 방향에 있다는 것(타칭설)과 일신 아마테라스가 태어난 나라(자칭설)라는 두 가지 설을 모두 언급한다. 그러면서 심정적으로는 '일신의 나라'설을 취하고 싶으나, 모든 정황상 '해 뜨는 나라'설이 더 타당하다고 결론 짓는다.

본래 '일본'은 고대 율령국가에서 '일본천황(日本天皇)'이라는 말로 등장한 것이었다. 702년에 파견된 견당사는 그때까지 동아시아에서 공식 명칭이었던 '왜'를 '일본'으로 변경하고, 중국으로부터 승인받는 데 성공했다. 당시 중화적 세계질서를 고려할 때 처음부터 용인될 수 있는 범위 안에서 국명을 정한 것이라 하겠다. 고대 중국 신화에 입각해보면 '일본(日本)'은 동방의 끝 일출의 땅에 있는 '부상(扶桑)'이라는 나무의 밑동을 뜻한다. '일역(日域)', '일하(日下)' 등과 같은 뜻이다.

그러나 '일본'의 명명이 중요한 것은 그 나라가 단순히 동이의 끝 자락에 위치한다는 자기 규정에 그치지 않고, '일본'을 새롭게 해석하면서 스스로의 가치를 그들 나름대로 의미 부여했다는 점에 있다고 저자는 말한다. 대표적으로 8세기에 성립한 『일본서기』에는 고대 한반도 나라들이 '귀국일본(貴國日本)'이라 칭한 것을 근거로, 외부로부터 가치를 확인한다. 물론 한반도에서 '일본'만 쓴 것은 아니었다. '일본'이라 칭하기도 했으나 중국에서와 마찬가지로 '왜'라 칭하기도 했다. 『일본서기』에는 '일본'이 서명부터 전면에 드러나 있는 반면, 동시대의 문헌인 『고사기』에는 '일본'이 한 번도 보이지 않고 '야마토(倭)'만 쓰일 뿐이다. 저자는 이를 모두 고대 제국적 세계상이라고 설명하는데, 『고사기』와 『일본서기』가 주장하는 '역사'가 각기 다른 것이다. 실제로 있었던 현실의 역사와는 선을 긋는 논의임에 주의를 요한다.

9세기에서 10세기에 걸쳐 헤이안 조정에서 이루어진『일본서기』강서에서는 외부에서 주어진 '일본' 대신 그에 대응하는 고유어 '야마토'에 천착하는 모습을 보였다.『일본서기』해석으로서는 상당히 벗어난 것이나 다름없다. 또한 중세에 널리 퍼진 것은 '대일여래의 본국 일본'설이다. 당시 아마테라스는 대일여래의 화신으로 여겨졌으므로 그것은 '일신의 나라 일본'설과 결합한다. 종래의 지적대로 중세 불교적 세계관에서 비롯된 것이다. 동시에 그것은 이 책의 입장에서 본다면 '일본'의 의미를 외부보다는 내재적 근거에서 찾으려는 움직임의 하나로 이해된다. 근세의 노리나가가 전부 근거 없는 망설이라고 일축한 것은 이러한 중세적 해석이었다. 즉 그의 격렬한 비판도 이른바 '일본'의 변주 가운데 이루어진 것임을 알 수 있다.

　'일본'이 외부로부터 명명된 이름인 탓에 전면 부정하는 국학자의 모습에 흥미를 느끼며 본격적으로 국호론을 다루어보고자 생각한 것이 이번 기획으로까지 이어졌다. 눈으로는 '일본'의 유래와 역사를 따라가는 데 급급했지만, 머릿속으로는 우리의 국호 문제에 대한 관심에서 벗어날 수 없었다. 문고판에 추가된 신출 자료「예군묘지」에 관한 보론은 최근 국내 역사학계에서도 화제가 되었던 자료이다. 2012년 여름 중국 서해안 골동품 시장에서 발견되어 현지 학술잡지에 공개된 예군묘지명 탁본 기사는 일본열도를 뜨겁게 달구었다. '일본' 국호의 가장 오랜 예에 해당하는 실물 발견이라 하여 대서특

필되었던 것이다. 그러나 묘지문 안에 쓰인 '일본'은 현재 일본의 국호가 아니라 나당연합군에 의해 멸망한 백제 땅을 가리키는 표현이라고, 학계의 공식 입장에 이의 제기를 하고 나선 이가 있다. 이 책에서도 종종 인용하고 있는 오사카시립대의 도노 하루유키 교수이다. 금석문 연구의 대가이자 고대사학계의 권위로 일컬어지는 도노 교수가 일본국호 백제기원설을 제기하자, 일본학계는 당혹감을 감추지 못하고 현재 관련 논의가 잇따르고 있다.

도노 교수의 묘지명 분석에 따르면 '부상(扶桑)', '풍곡(風谷)', '반도(盤桃)' 등 주변국은 모두 자연 환경적 특성에 근거한 은유적 명칭을 사용하고 있는데 유일하게 '일본(日本)'만 공식 국호를 그대로 썼을 리가 없다는 것이다. 연대기 같은 역사적 사실의 서술이 목적이 아니라 최대한 기교를 응축시켜 짓는 묘지명 문장이라는 점도 고려할 필요가 있다. 그렇게 본다면 묘지명의 '일본'은 단지 중국에서 볼 때 해 뜨는 곳이라는 의미로 쓴 것일 뿐이며, 즉 백제를 나타내는 말이 된다. 당시 이미 '일본'이라는 국호가 존재했다면 묘지명을 지은 사람은 굳이 이 문장에 일본이라는 표기를 사용하지 않았을 것이라고 도노 교수는 말한다. 그러면서 묘지명에서 실제로 왜국(야마토)은 '해좌(海左, 바다 동쪽)' 혹은 '영동(瀛東, 중국 동쪽)'으로 표기되었다고 추정하고 있다. 이리하여 그의 논지는 훗날 일본 국호의 성립에 백제인이 관여했을 가능성이 크다는 데까지 발전한다.

이 책에서도 도노 교수의 입장을 지지하며, 묘지명의 '일본'은 나라를 가리키는 것이 아니라 동이의 끝에 있는 극동의 땅을 가리킬 따름이라고 말한다. 그리고 그것은 어디까지나 고대 중국의 세계상 문제로 명확히 해야 한다고 주장한다. 확실히 중국 측에서 본다면 '일본'의 문자 그대로의 의미는 해 뜨는 동방의 끝이므로, 한반도의 나라들이든 일본이든 국호 성립 여부와 관계없이 그렇게 부를 수 있다. 마찬가지 맥락에서 '부상' 또한 일본의 별칭이라고 한정할 수는 없다. 중국 문헌에 실제 사례도 많이 찾아볼 수 있다.

현지 중국학회 및 국내 학계와 일본 학계에서도 예군묘지를 둘러싼 국호 논란은 계속되고 있다. 앞으로 더욱 관심을 갖고 주시해볼 일이다. 일본 국호가 갖는 문제성은 여전히 현재진행형이다. 그런 의미에서도 이 책이 유의미한 논의거리가 되기를 바란다.

2019년 3월

역자를 대표하여 배관문

찾아보기

[ㄱ]

『가나 일본기(假名日本紀)』 70, 71, 137, 138

가데노코지 가네나카(勘解由小路兼仲) 169

가모노 마부치(賀茂眞淵) 205

『가행시언해(歌行詩諺解)』 174, 193

『감중기(勘仲記)』 169

『강담초(江談抄)』 179

견당사(遣唐使) 14, 15, 17, 18, 20, 21, 42, 43, 114, 146, 174, 237

견수사(遣隋使) 13, 15, 120, 122

고레무네노 나오모토(惟宗直本) 22

『고사기(古事記)』 27, 29, 31, 37, 39, 40, 50~55, 57, 58, 69, 70, 104, 141, 145, 146, 156, 206

고켄 여제(孝謙女帝) 176

『고킨와카슈(古今和歌集)』 97, 199, 200

『고킨와카슈 관정구전(古今和歌集灌頂口傳)』 155

공손연(公孫淵) 88

곽박(郭璞) 63, 89, 90, 195

『광운(廣韻)』 79

『구당서(舊唐書)』 14, 15, 17, 19, 91

국체(國體) 208~215

『국체의 본의』 211

『국호고(國號考)』 46, 69, 131, 148, 149, 161, 199, 203, 204

기노 요시미쓰(紀淑光) 70, 122, 137, 138, 228

기비노 마키비(吉備眞備) 174, 179

기요하라 노부카타(淸原宣賢) 151, 166

「긴모치 사기(公望私記)」 102~107, 115, 118, 122, 138, 139

[ㄴ]

노조린(盧照鄰) 87, 226

니니기노 미코토(瓊瓊杵尊) 27, 144

닌토쿠 천황(仁德天皇) 53, 54, 56

[ㄷ]

다마키 마사히데(玉木正英) 204

다이라노 기요모리(平淸盛) 176, 179

다이라노 다다모리(平忠盛) 178

다이라노 마사카도(平將門) 95, 176

다이호 율령(大寶律令) 21~24, 26, 31, 32, 49, 94, 221, 231, 237~239

다케노우치노 스쿠네(建內宿禰) 53, 54

『당력(唐曆)』 14, 15, 71, 72, 114, 138

『당서(唐書)』 14, 19, 62, 91, 194

『대왜본기(大倭本紀)』 70

『대지도론(大智度論)』 120

대팔도국(大八嶋國) 26, 31, 51, 56

덴무 천황(天武天皇) 32, 47, 77, 181~183

덴치 천황(天智天皇) 183

도겐 즈이센(桃源瑞仙) 192

도쿄(道鏡) 176

「동경부(東京賦)」 85, 225

『동궁절운(東宮切韻)』 66~68, 79

[ㅁ]

명신(明神) 25, 26

모토오리 노리나가(本居宣長) 46, 131,
   148, 161, 198, 211, 229

몬무 천황(文武天皇) 21, 26, 114

「무학부(舞鶴賦)」 86, 225

무현지(武玄之) 170

『문선(文選)』 84, 195, 225

『문원영화(文苑英華)』 243

미나모토노 요리토모(源賴朝) 177

미요시노 기요유키(三善淸行) 147

[ㅂ]

반 노부토모(伴信友) 43, 211

배세청(裵世淸) 13

「병리수부(病梨樹賦)」 87, 226

뵤도인(平等院) 169

『비부략(秘府略)』 73, 189

[ㅅ]

『사기(史記)』 16

『사기정의(史記正義)』 16

『사기초(史記抄)』 192

『사석집(沙石集)』 153

『산해경(山海經)』 62, 63, 81, 82, 87, 88,
   99, 195, 223, 224, 227

『상궁기(上宮記)』 70

「서경부(西京賦)」 84, 225

『석일본기(釋日本紀)』 15, 66~68, 97~103,
   105~108, 113, 115, 125, 127, 130,
   136~139, 160, 167, 168, 170, 171,
   232

『선대구사본기(先代舊事本紀)』 70, 146

선명(宣命) 26, 27, 31

『설문해자(說文解字)』 68, 83

설순(薛峋) 67, 68

『속일본기(續日本紀)』 17, 21, 75, 235,
   236

손면(孫愐) 67, 68, 79

『송사(宋史)』 145

『송서(宋書)』 87, 194

쇼토쿠 천황(稱德天皇) 181, 182

쇼토쿠 태자(聖德太子) 41, 42, 176

『수문전어람(修文殿御覽)』 73, 189

『수서(隋書)』 12, 71, 72, 113, 116, 118~
   120, 146, 148

『수중초(袖中抄)』 105

『술이기(述異記)』 73, 74

스가와라노 고레요시(菅原是善) 66

스이코 천황(推古天皇) 13, 41, 42, 50,
   72, 122, 148, 209

신기령(神祇令) 26

『신당서(新唐書)』 14, 19, 79, 237, 238

『신대권 조염초(神代卷藻塩草)』 204

『신도유래에 대해』 156

『신서문진(神書聞塵)』 150

신찬(臣瓚) 64

『신황정통기(神皇正統記)』 149, 150, 163,
   165, 192, 193, 211

[ㅇ]

아리와라노 유키히라(在原行平) 106

아마테라스 신(天照大神) 28, 30, 31, 47,
   100, 140~145, 148, 154, 157, 167,

168, 183~186, 190, 191, 193, 209, 216, 219

아와타노 마히토(粟田眞人) 15, 17, 21, 22, 63, 114

『아키시노 겟세이슈(秋篠月淸集)』 147

안사고(顔師古) 64~66, 85

야마나 소젠(山名宗全) 177

「야마태시(野馬台詩)」 171~175, 178, 179, 182, 183, 186, 191, 193

『야마태시국자초(野馬台詩國字抄)』 174

『야마태시여사(野馬台詩餘師)』 174

야타베노 긴모치(矢田部公望) 65, 69, 71, 95, 102, 106, 183, 189, 228

야타베노 나자네(矢田部名實) 106

양웅(揚雄) 85, 195

『어경등사(御鏡等事)』 102, 130, 168

『엔랴쿠지 호국 연기(延曆寺護國緣起)』 179, 181

여순(如淳) 64~66, 69

『영의해(令義解)』 22

『영집해(令集解)』 22, 231

『예문유취(藝文類聚)』 74, 83, 224

오노노 다카무라(小野篁) 175

오노노 이모코(小野妹子) 116, 117

오닌의 난 177, 178

『오닌키(應仁記)』 178

오에노 마사후사(大江匡房) 179

오진 천황(應神天皇) 51, 97

『옥편(玉篇)』 66, 68

『와카 동몽초(和歌童蒙抄)』 130, 169

『왕연대기(王年代紀)』 145

요로 율령(養老律令) 22~25, 31

요시다 가네토모(吉田兼俱) 150

우라베 가네후미(卜部兼文) 152

『운전(韻詮)』 170

『원사(元史)』 196

『위지(魏志)』 12, 40, 50, 63~65, 79, 111, 170, 187, 189

유랴쿠 천황(雄略天皇) 50, 51, 54, 56

유방(柳芳) 14

육법언(陸法言) 67, 68, 79

『의초육첩(義楚六帖)』 196

의화(義和) 82, 83, 113

이선(李善) 84~86, 225

『이소노카미 사사메고토(石上私淑言)』 148, 198, 199, 203, 204

『이아(爾雅)』 89

이치조 가네요시(一條兼良) 227

이치조 사네쓰네(一條實經) 153

이치조 이에쓰네(一條家經) 169

「이키노무라지 하카토코노쇼(伊吉連博德書)」 42, 146

『일본국현재서목록(日本國見在書目錄)』 14, 66, 73, 79

『일본기 경연 와카(日本紀竟宴和歌)』 96

『일본서기(日本書紀)』 14, 27, 29~31, 33, 36, 37, 40~53, 58, 65, 70, 72, 94, 96, 97, 100, 102~105, 111, 115, 120, 127, 131~133, 137, 141, 144~146, 156, 164, 165, 190, 218, 228~232, 239

「일본서기사기(日本書紀私記)」 14, 15, 65, 66, 70, 72, 94, 132, 210, 228

『일본서기찬소(日本書紀纂疏)』 91, 150,

163, 165, 166, 184~186, 191, 193, 211, 217

『일본서기초(日本書紀抄)』 151

임방(任昉) 73

임신의 난 176

[ㅈ]

『자력보(自歷譜)』 192

장손눌언(長孫訥言) 67, 68, 79

장수절(張守節) 16

「장양부(長楊賦)」 85, 86

장형(張衡) 84, 85, 225

『전당시(全唐詩)』 243

『절운(切韻)』 66, 79, 170, 196

『제국헌법 황실전범 의해』 207

『제실제도사(帝室制度史)』 209

조진(成尋) 143, 144, 146, 147

주간 엔게쓰(中巖円月) 192

『중외경위전(中外經緯傳)』 43, 211

진구 황후(神功皇后) 37, 39~41, 43, 46, 50~52, 142, 167, 184~186, 193, 238

『진기거주(晉起居注)』 40, 41, 50

진무 천황(神武天皇) 31, 53, 97, 128, 129, 144, 164, 205

[ㅊ]

『참천태오대산기(參天台五台山記)』 143

『초사(楚辭)』 83

『초학기(初學記)』 83

축상구(祝尙丘) 67, 68

측천무후(則天武后) 15, 16, 59, 79, 91,

114

[ㅌ]

『태평어람(太平御覽)』 170, 187, 189

[ㅍ]

포조(鮑照) 86, 225

[ㅎ]

하후 소강(夏后小康) 186~188

『한림학사집(翰林學士集)』 88, 89

『한서(漢書)』 64

『한원(翰苑)』 170, 187, 189

『헤이케 모노가타리(平家物語)』 178

『혁명감문(革命勘文)』 147

현어신(現御神) 26, 31

호소카와 가쓰모토(細川勝元) 177

『화한연호자초(和漢年號字抄)』 67

『황대기(皇代記)』 144

회계(會稽) 186~189, 195, 196

『회남자(淮南子)』 81, 83, 87, 88, 223~ 225, 227

『회남홍렬집해(淮南鴻烈集解)』 89

후지와라노 가네히라(藤原兼平) 169

후지와라노 나카마로의 난 176

후지와라노 요시쓰네(藤原良經) 147

후지와라노 요시후사(藤原良房) 176

『후한서(後漢書)』 12, 33, 62, 161, 162, 234

히미코(卑彌呼) 12, 13, 40

모들아카데미 07

일본은 왜 일본인가(「日本」: 國號の由來と歷史)

등록 1994.7.1 제1-1071
1쇄 발행 2019년 4월 20일

지은이 고노시 다카미쓰
옮긴이 배관문 김병숙 이미령
펴낸이 박길수
편집장 소경희
편 집 조영준
관 리 위현정
디자인 이주향
펴낸곳 도서출판 모시는사람들
      03147 서울시 종로구 삼일대로 457(경운동 수운회관) 1207호
전 화 02-735-7173, 02-737-7173 / 팩스 02-730-7173
홈페이지 http://www.mosinsaram.com/

인 쇄 천일문화사(031-955-8100)
배 본 문화유통북스(031-937-6100)

값은 뒤표지에 있습니다.
ISBN 979-11-88765-39-3   94160
SET   978-89-97472-52-9   94160

이 도서의 국립중앙도서관 출판예정도서목록(CIP)은 서지정보유통지원시스
템 홈페이지(http://seoji.nl.go.kr)와 국가자료공동목록시스템(http://www.
nl.go.kr/kolisnet)에서 이용하실 수 있습니다.(CIP제어번호: 2019007377)